Annie Monnerie-Goarin
Marie-Chantal Kempf
Évelyne Siréjols

Méthode de français

Corrigés des exercices
Transcription des enregistrements

CLE
INTERNATIONAL

Édition : Martine Ollivier
Mise en pages : Lo Yenne

CORRIGÉS

Unité 1

pages 8-9

• Oral

1

b) – Vous avez vu quelqu'un ?
– Oui, très bien.
– Vous pourriez le décrire ?
– Oui, bien sûr. Elle était rousse, avec les cheveux longs et des yeux verts. Elle était de grande taille, plutôt mince. Elle avait à peu près 25 ans et elle portait un blouson noir, un pantalon blanc et des chaussures à talons.
– Elle était de petite taille et maigre. Elle avait des cheveux gris et courts et le teint mat. Son visage était plutôt carré avec de petits yeux bleus. Elle portait un tailleur bleu marine et des chaussures blanches.
– Il était assez fort, de taille moyenne et il avait à peu près 40 ans. Il avait le visage rond, les cheveux noirs, courts et frisés. Il portait un costume gris et des chaussures marron.

2

b) – Qu'est-ce que vous avez fait hier soir de 8 heures à 10 heures ?
– De 8 heures à 10 heures, j'ai regardé la télévision / j'ai attendu une amie / j'ai téléphoné / j'ai fini de dîner / j'ai écouté la radio / j'ai préparé le repas / j'ai pris un café.
– Qu'est-ce que vous faisiez quand l'explosion a eu lieu ?
– Je regardais la télévision / j'attendais une amie / je téléphonais / je finissais de dîner / j'écoutais la radio / je préparais le repas / je prenais un café chez moi.

pages 10-12

• Écrit

1

a) – Une explosion s'est produite à Breuil : une bouteille de gaz a explosé dans une maison de campagne.
– Dans le centre-ville, une voiture et une moto se sont écrasées contre le monument de la grande place. L'accident n'a pas fait de victimes mais les dégâts sont importants.
– Un voleur / cambrioleur s'est évadé du commissariat de Mantes. Les policiers le recherchent.
– Un cambriolage a eu lieu hier à la mairie. Un témoin a décrit les voleurs. La police mène l'enquête.

b) – Un accident a eu lieu / s'est produit sur la route nationale.
– On a dérobé des tableaux de prix au musée de la ville.
– Hier soir, un incendie a causé des dégâts importants dans un cinéma de Montauban.

2

a) – Il pleuvait depuis deux heures et on a arrêté la voiture au bord de l'autoroute.
– Pendant que Mme Leroi regardait la télévision, le cambrioleur est entré par la fenêtre.
– Le prisonnier ne dormait pas et il s'est évadé de la voiture de police.
– Le voleur a frappé la jeune femme, on l'a amenée à l'hôpital. Heureusement, ce n'était pas grave.
– Pierre lisait. Il a entendu un bruit bizarre. Il s'est levé. La fenêtre était ouverte.

b) Il faisait nuit. Une femme marchait dans la rue. Elle a entendu quelqu'un derrière elle. Elle s'est arrêtée et elle a vu un homme. Il portait un grand manteau. Il avait une quarantaine d'années et il était très grand. Il s'est arrêté lui aussi et il l'a regardée mais il n'a rien dit. La femme a commencé à avoir peur. Quand elle est repartie, il l'a suivie. À ce moment-là, la jeune femme s'est mise à courir. Quand elle est arrivée enfin devant sa porte, l'homme a marché vers elle. Il a cherché quelque chose dans son manteau et il a sorti un gant. Il lui a dit : « Madame, vous l'avez perdu quand vous êtes descendue du taxi. Je l'ai pris, tenez ! »

3

– Après avoir cru à un attentat, on a su que c'était une explosion de gaz.
– Avant de savoir que c'était une explosion de gaz, on a cru à un attentat.
– Avant d'appeler les pompiers, les gens sont allés voir les dégâts.
– Après être allés voir les dégâts, les gens ont appelé les pompiers.
– Après avoir mis un bijou dans son sac, le voleur a vu arriver la vendeuse.
– Avant de voir arriver la vendeuse, le voleur a mis un bijou dans son sac.
– Avant d'interroger les témoins, les policiers ont entendu la victime.
– Après avoir entendu un grand bruit, on a vu le début d'un incendie.
– Avant de voir le début d'un incendie, on a entendu un grand bruit.

4

– La femme que les témoins ont décrite a été arrêtée hier soir. On l'a rencontrée alors qu'elle sortait d'un hôtel du centre-ville. Elle portait plusieurs bijoux qui avaient été dérobés dans la célèbre bijouterie Carton. Les policiers l'ont conduite au commissariat où elle a passé la nuit. Ce matin, le commissaire a ouvert une enquête, il a écouté toutes les victimes que cette femme a volées ainsi que M. Carton qui a félicité le commissaire.

– La conduite de gaz qui a explosé dans le quartier du théâtre n'a heureusement pas fait de victimes. Comme l'explosion s'est passée en plein jour, les habitants du quartier n'étaient pas chez eux. Seuls, une femme d'une quarantaine d'années et un jeune enfant ont été atteints. Les pompiers les ont conduits au cabinet médical du quartier. D'importants dégâts ont été causés dans trois immeubles de ce quartier et plusieurs voitures ont pris feu. Le montant exact des dégâts n'est pas encore connu.

5

a) – Les policiers recherchent le cambrioleur.
– La police a arrêté les voleurs.
– On a dérobé des tableaux dans la mairie.
– On a déposé une plainte.
– La police a fermé l'autoroute A4 de 22 heures à 8 heures du matin.
– Ce matin dans le centre-ville, on a cambriolé une bijouterie.

b) – Une voiture a été volée cette nuit.
– Des bruits bizarres ont été entendus par les voisins.
– Une moto rouge a été retrouvée par les policiers.
– Le cambrioleur a été décrit par un témoin.
– Une enquête a été ouverte.
– Les victimes de l'incendie ont été invitées à déjeuner par le restaurateur.

6

Texte possible : Samedi 24 décembre, dans la nuit, un cambriolage a eu lieu aux Galeries Modernes dans le centre de Bordeaux. Des livres et des jeux vidéo ont été volés. On ne connaît pas encore le montant exact du vol. Une enquête a été ouverte. Un témoin a déjà été entendu : un homme sans domicile qui passait la nuit devant les Galeries Modernes. Peu de temps avant minuit, entre 23 heures et 24 heures, alors qu'il dormait, il a entendu un bruit puis il a vu passer un jeune couple d'environ vingt-cinq ans, avec plusieurs sacs dans les bras. Le commissaire de police pense que ce jeune couple s'est rendu compte un peu tard qu'ils n'avaient pas de cadeaux pour le Noël de leurs enfants. Le directeur du magasin a décidé de porter plainte contre ces voleurs.

• Compétences

Oral

2

Surprise : 1, 3, 8, 9, 10. *Soulagement* : 2, 4, 5, 6, 7.

3

Personne 2.

4

a) Un accident de voiture a eu lieu.
b) C'est arrivé à deux étudiants en médecine, Baptiste Dufour et Michel Vial.
c) L'accident s'est produit à Chartres, place de la Cathédrale.
d) L'accident s'est produit dans la nuit de jeudi à vendredi dernier vers 1 h 30.
e) La pluie a causé l'accident ; la voiture est sortie de l'avenue et a heurté le monument aux morts.
f) On les a conduits à l'hôpital.
g) Ils ont dormi à l'hôpital.
h) Ils n'avaient rien de grave et ils sont rentrés chez eux dans la journée de vendredi.

Écrit

1

a) *Mots-clés* : collège, grève, violence, problèmes.
b) 1. Cet article parle d'une grève dans un collège. **2.** Les personnes concernées sont les collégiens, les professeurs, le personnel du collège mais aussi les parents. **3.** Dans ce collège, il y a souvent beaucoup de violence : des bagarres, des vols, des agressions. Mais la grève des professeurs et du personnel du collège a commencé quand un élève a frappé un professeur. **4.** Cela s'est passé à Livry, dans le collège Victor-Hugo, le 12 mars. **5.** Le personnel du collège s'est mis en grève pour exprimer sa colère. **6.** La grève a duré un mois et le collège a obtenu deux surveillants supplémentaires, un nouvel enseignant et une assistante sociale. Elle a aussi permis aux élèves, aux professeurs et aux parents de se rencontrer et de discuter ensemble. À la fin de la grève, la semaine dernière, c'était comme une vraie rentrée scolaire, avec des relations plus tranquilles et une meilleure communication entre les personnes concernées.
c) *Vocabulaire* : **1.** Une grève, c'est une période où on arrête de travailler pour obtenir quelque chose. **2.** « Le collégien est renvoyé » veut dire qu'il ne peut plus aller dans cette école. **3.** Se mettre en grève signifie commencer une grève.

4. Rejeter une école, c'est critiquer l'école. *Questions* : **5.** Des bagarres, des vols et des agressions contre des jeunes filles se produisent dans ce collège. **6.** Mme Garnier explique cette violence dans le collège par les mauvaises conditions de vie des gens du quartier : chômage, problèmes familiaux. **7.** Certains élèves pensent que leur collège est moche et trop vieux, alors ils le rejettent et deviennent violents avec les professeurs qui ne les respectent pas toujours. **8.** Aujourd'hui, dans certains quartiers difficiles, les professeurs doivent jouer le rôle d'assistante sociale et de policier. **9.** Les aspects positifs de cette grève sont que le personnel a obtenu des postes supplémentaires. Les professeurs ont obtenu aussi un poste de professeur supplémentaire et ils ont rencontré des parents d'élèves. Les parents, en discutant avec les professeurs, ont mieux compris les problèmes du collège. Pour la vie du collège, cette grève a permis de faire une nouvelle rentrée scolaire, de recommencer à travailler dans un climat plus tranquille avec de meilleures relations de communication. **10.** Ici, l'expression « une vraie rentrée scolaire » veut dire qu'on recommence à travailler dans des conditions nouvelles et meilleures, comme quand on prend des décisions au début de l'année scolaire.

2

Texte possible : Certains professeurs ne respectent pas assez les élèves : il faut changer les relations entre professeurs et élèves. Quand les professeurs respectent les élèves, les élèves les respectent aussi. Parfois, l'état des lycées et des collèges n'est pas bon. Les élèves n'ont pas envie de travailler dans des établissements en mauvais état. Il faut construire des lycées neufs. Mais la violence à l'école vient aussi de la ville. Quand les enfants vivent dans des quartiers difficiles, quand ils voient des cambriolages, des agressions, ils deviennent violents. Et souvent aussi, ils sont découragés parce que leurs parents sont au chômage. Ils pensent que leurs études ne vont pas leur servir et qu'ils vont être eux aussi au chômage.

Unité 2

pages 16-17

• Oral

1

b) – Qu'est-ce que vous ferez le week-end prochain ?
– Le week-end prochain, nous ferons une petite promenade, nous irons au cinéma, nous prendrons un verre avec des copains et nous passerons sans doute la soirée devant un match à la télé.

– Qu'est-ce qu'ils feront le week-end prochain ?
– Le week-end prochain, ils feront une petite promenade, ils iront au cinéma, ils prendront un verre avec des copains et ils passeront sûrement la soirée devant un match à la télé.

2

– Je ne suis pas d'accord, le tiercé n'est pas du tout un jeu de hasard.
– Il dit qu'il fait toujours mauvais en Bretagne mais ce n'est pas mon avis.
– D'après le journaliste de *Turf-Infos*, Schumacher n'a aucune chance de gagner la course, mais je pense exactement le contraire.
– D'après ce journal, la Polka est la voiture la plus économique. Mais je suis plus ou moins d'accord.
– Le directeur du club me dit qu'avec dix séances, je perdrai deux kilos. Selon moi, il en faudra plus de dix.
– Mon mari trouve les robes plus élégantes que les pantalons. Ce n'est pas mon avis.

pages 18-20

• Écrit

1

	Lieu	Date	Événements antérieurs	Événements suivants
Tennis	Cabourg	Dimanche prochain	Victoire de Nicolas Vallet	La finale du tournoi de Cabourg
Football		Ce soir	Match Auxerre-Paris	Rencontres Auxerre-Bordeaux et Bastia-Russie
Cyclisme	Luchon	Demain soir	Tour de France 10ᵉ étape	Luchon-Beille, étape de montagne
Voile	Barcelone	31 décembre 2000	Autres traversées	Course autour du monde, *The Race*
Rugby	Au Stade de France	Hier soir	Victoire de la coupe des Champions pour Paris	La fête de la victoire

Verbes	Noms
courir	coureur
jouer	joueur
naviguer	navigateur
gagner	gagnant
perdre	perdant
participer	participant

3

– Notre équipe de football a battu / affronté les Toulonnais.
– Le tournoi de tennis s'est tenu / passé à Villefranche dimanche dernier.
– Pierre Legrand a remporté le titre de Champion de Normandie.
– Les coureurs atteindront le col vers 17 heures demain.

4

a) – J'irai au stade dimanche prochain. Tu pourras venir avec moi, mes cousins seront là aussi. Nous prendrons la voiture de mon père pour y aller.
– Pour le 31 décembre, les pompiers feront une grande fête : un groupe de rock jouera et les gens danseront. Et c'est moi qui tiendrai le café. Je vendrai des boissons chaudes et des Coca. Je crois bien que je devrai travailler toute la nuit et que je n'aurai pas le temps de parler avec mes amis.
b) En mai prochain, les tournois de tennis de Roland-Garros se tiendront à Paris comme tous les ans. Ils auront lieu du 31 mai au 13 juin. Cette année encore, nous serons nombreux à suivre ces grands matchs à la télévision. Mais est-ce que vous aurez des places pour y aller ? La vente des billets se fera à partir de la semaine prochaine dans les clubs de tennis. Notre club vous proposera, comme toujours, les meilleures places et vous serez heureux. Avec un peu de chance, il fera beau et vous prendrez même des couleurs !

5

a) *Phrases possibles* : Depuis un mois et d'ici le 30 juillet, il est possible de faire des stages de VTT à Guillestre. Une course de kayak a précédé deux tournois de tennis qui se sont tenus les dimanches 7 et 14 juillet. Aux stages de VTT à Guillestre, succéderont les stages de tennis organisés à Briançon à partir du 15 juillet et jusqu'au 11 août. Deux courses de VTT organisées à Saint-Véran feront suite à ces stages de tennis. D'ici la fin du mois d'août, beaucoup d'événements sportifs vont avoir lieu dans les Hautes-Alpes.
b) *Phrases possibles :* Tout d'abord et pour la première fois, un Français, Éric Tabarly, remporte la course Transat en solitaire Plymouth-Newport. L'année suivante, il reçoit les félicitations du général de Gaulle parce que, grâce à lui, les Français découvrent la voile. Douze ans après sa victoire de la course Transat en solitaire, il arrive pour la seconde fois vainqueur de la même course. Plusieurs traversées se succèdent ensuite et jusqu'en 1980, c'est le navigateur qui traverse le plus rapidement l'Atlantique à la voile. Dès 1985, il part de la marine nationale. Enfin, une mort tragique met fin à sa vie de navigateur : le 13 juin 1998, il tombe en mer et meurt.

6

Texte possible : Un grand tournoi international de tennis aura lieu à Paris, au stade Pierre-de-Coubertin, les 22 et 23 mai prochains. Le premier tournoi opposera la championne suisse Hingis à la Française Halard. Cette rencontre aura lieu à partir de 14 heures. Un autre match suivra : la joueuse suisse Schnyder affrontera la Française Mauresmo.
Le lendemain, le 23 mai, en début d'après-midi, Hingis jouera à partir de 13 heures contre Mauresmo. Un peu plus tard dans l'après-midi, un match opposera Schnyder à Halard. Cette rencontre sera suivie par un dernier match opposant les joueuses suisses Hingis et Schnyder aux Françaises Tauziat-Fusai. Ne manquez pas ces rencontres ! Alors n'attendez pas le dernier moment pour acheter vos places !

pages 21-23

• Compétences

Oral

2

Doute : 1, 2, 4, 5, 7, 9. *Certitude* : 3, 6, 8, 10.

3

a) Le Chilien a joué contre un joueur américain.
b) L'Américaine a joué contre une joueuse russe.
c) Ces tournois se sont déroulés le dimanche 29 mars, à Key Biscayne, aux États-Unis.
d) Le tournoi masculin s'est déroulé rapidement, en moins de deux heures.
e) Chez les hommes, le Chilien Marcelo Rios a remporté la victoire.

f) Les résultats des trois sets sont : 7-5, 6-3, 6-4.
g) Chez les femmes, l'Américaine Venus Williams a remporté la victoire.
h) Les résultats des trois sets sont : 2-6, 6-4, 6-1.
i) Le joueur chilien a 23 ans.
j) Non, la joueuse américaine est plus jeune que lui. Elle a 17 ans.
k) Le rêve de Venus Williams est de devenir un jour la première joueuse mondiale.
l) Martina Hingis est, au moment de cette rencontre, la première joueuse mondiale.

4

Enregistrement 1
Événement : Le club de marche de Molière organise une grande randonnée vers Castelneau.
Distance : 12 à 15 kilomètres.
Date : Vendredi 26 octobre.
Lieu et heure de rendez-vous : À la gare de Molière à 13 h 30.
Ou bien : À 14 h 15 devant l'église de La Pérouse.

Enregistrement 2
Événement : Les huitièmes Internationaux de France de gymnastique.
Date : Samedi prochain, 1er avril.
Heure : À 14 h 30.
Lieu : Au Palais des Sports de Paris-Bercy.
Prix des places : 23 et 30 €, tarif réduit pour les moins de 18 ans.
Lieux de vente : Auprès des clubs de gymnastique.
Réservation : Par Minitel en tapant le 3615 IFG.

Écrit

1

a) Le Championnat de France de Rugby.
b) Samedi 5 septembre.
c) Paris.
d) 18 000 spectateurs.
e) Tous publics confondus, hommes, femmes et enfants.

2

mettre en place / organiser
le show-bizz / le monde du spectacle
exclusif / seul, unique
conservateur / à l'ancienne mode, traditionnel
une promotion / une publicité
s'adapter à / s'habituer à
fabuleux / extraordinaire
indispensable / très important

3

a) Max Guazzini est le président du Stade français.

b) C'est plutôt un homme de communication et un homme d'argent.
c) Non, il n'a pas une idée traditionnelle des événements sportifs. Il a mis en place une campagne de publicité nouvelle pour gagner un public plus large.
d) Sa méthode est innovante.
e) Pour remplir les stades, il faut aussi intéresser les femmes et les enfants. « Un match de rugby doit être une fête familiale. » Il faut aussi habiller le sport, apporter des idées nouvelles qui viennent du show-bizz.
f) *Phrases vraies* : Il a demandé à ses joueurs de distribuer des annonces publicitaires pour le match. Une chaîne de télévision a filmé le match. Les joueurs de l'équipe sont passés dans des émissions à la télévision. Son équipe a reçu de l'argent sur les ventes d'un disque.
g) Sa campagne publicitaire a bien marché : il a obtenu 18 000 spectateurs pour le match du Championnat et son équipe a gagné beaucoup d'argent en faisant la promotion d'un disque très populaire dans le monde du sport.
h) Les joueurs du Stade français sont en général d'accord avec Max Guazzini. L'entraîneur de l'équipe trouve que c'est fabuleux d'avoir un public aussi important et qu'on parle autant d'eux, mais un des joueurs a trouvé qu'il y avait trop de grand spectacle avant le match.
i) Ils ont peur que les gens du rugby, qui sont plutôt traditionnels, ne comprennent pas bien cette idée nouvelle d'habiller les matchs, de faire du sport spectacle. Certains regrettent ce côté « grand spectacle » qui change l'image du sport.

4

Texte possible : Quand on regarde la télévision chez soi, on est bien au chaud ; on peut dîner en même temps. On n'a pas de problème pour garer sa voiture. Et surtout, ça coûte moins cher. Vous n'avez pas besoin d'attendre pour acheter votre billet ; vous n'avez pas non plus besoin de faire la queue pour aller à votre place. Et puis, si le reportage est bien fait, vous voyez le but au moment où il est marqué, et vous le voyez sans doute mieux qu'au stade, où, justement, la personne qui est devant vous mesure 1 m 85. Oui, mais vous n'avez pas l'atmosphère ! Vous n'êtes pas au milieu des spectateurs, pour partager la victoire avec eux. Vous n'aurez pas la chance de voir de près le joueur qui a marqué le but. Un match, c'est une fête ; il faut la vivre avec les autres. La télévision, c'est bien, mais ça ne remplace pas un match en direct !

pages 24-25

• Oral

1

b) *Questions possibles* : Qu'est-ce que vous êtes allés voir comme film ? Qu'êtes-vous allés voir comme film ? Quel film avez-vous vu ?

– J'ai détesté le film *Celebrity*. Je n'ai pas du tout aimé ces personnages, je les ai trouvés artificiels et ennuyeux.

pages 26-28

• Écrit

1

	Type de spectacle	Annonce ou critique	Caractéristiques du spectacle	Lieu et dates
La Vie rêvée des anges	Film	Critique	Premier film Film psychologique	
Tartuffe	Pièce	Critique	Pièce de Molière Mise en scène originale	Le mois prochain au Théâtre des Amandiers
Mulan	Dessin animé	Critique	Dernier film de Walt Disney	
Victor	Pièce	Critique	Pièce vivante et prenante Merveilleux comédiens	Théâtre de la Tempête
Festival d'Ile-de-France	Plusieurs concerts	Annonce	Nuit et petit déjeuner dans une abbaye et dans un château	Ile-de-France du 6 septembre au 18 octobre

Quand avez-vous vu ce film ? À quelle heure avez-vous vu ce film ?
Où avez-vous vu *Porte des Lilas* ?
De qui est ce film ?
Est-ce plein tarif le lundi ?
Combien de temps le film dure-t-il ? Ce film dure-t-il longtemps ?
Qui joue le rôle principal ? Quel acteur joue le rôle principal ?
Pourquoi avez-vous choisi ce film ? Pour quelle raison avez-vous choisi ce film ?

2

c) – Je cherche une actrice pour mon prochain film. Il faut qu'elle soit blonde, qu'elle ait 25 ans, qu'elle ait les yeux bleus et qu'elle soit plutôt grande.
– Je cherche une employée pour mon agence. Il faut qu'elle ait 40 ans environ, qu'elle ait un BTS de comptable, qu'elle parle anglais et allemand et qu'elle ait de l'expérience.
d) – Bonjour, monsieur. Il paraît que vous cherchez une actrice pour un jeune metteur en scène. Quelles sont les conditions ? Ça m'intéresse.
– Il faut que vous soyez blonde, que vous ayez 25 ans, que vous ayez les yeux bleus et que vous soyez plutôt grande.

3

b) *Commentaires possibles* :
– J'ai beaucoup aimé le film *Portrait de famille*. J'ai adoré l'actrice qui joue le personnage de Yoyo. J'ai trouvé les dialogues remarquables.

2

a) *Adjectifs positifs* : célèbre, magnifique, superbe, authentique, vivant, émouvant.
b) *Intrus* : mettre en scène, pièce, un roman.
c) – J'ai vu une superbe mise en scène de la pièce de Molière, *Le Misanthrope*.
– Le film *Le Bossu* est une adaptation d'un roman de Paul Féval.
– Isabelle Adjani est une actrice qui a un grand talent.
– Ce soir, au programme, il y a un concert donné par l'Orchestre de Toulouse. On interprète les *Préludes* de Bach.
– Chaque année, pour Noël, les enfants peuvent voir au cinéma un nouveau dessin animé.
– À Cannes, au mois de mai, un festival de cinéma a lieu chaque année.

3

a) – Il faut que vous réserviez rapidement vos places pour la pièce.
– Il faut que tu aies un billet à tarif réduit.
– Il faut que je sois devant le théâtre à 20 heures.
– Il ne faut pas que nous manquions le rendez-vous.
– Il faut que nous payions les places au guichet.
– Il faut que mes amis passent une soirée agréable.
– Il faut que nous fêtions leur séjour à Paris.
b) Il faut que nous jouions cette pièce dans trois mois. Il faut que nous téléphonions pour réserver un théâtre. Il faut qu'il soit assez grand. Il faut

que le metteur en scène trouve les comédiens. Il faut qu'ils aient plusieurs semaines pour étudier leur rôle. Il faut qu'on ait tous le temps de bien préparer le spectacle. Marie, il faut que tu invites des journalistes pour la première représentation. Il ne faut pas que tu oublies d'inviter le directeur de l'école. Il faut que nous le remerciions : il faut qu'il nous donne une salle pour travailler. Il faut que nous nous dépêchions. Il faut que le spectacle soit magnifique.

4

a) – En réservant vos places maintenant, vous êtes sûrs de voir la pièce. *(cause)*

– Cette femme joue du piano en regardant le public. *(temps)*

– J'ai eu envie d'être actrice en regardant des pièces de théâtre à la télévision. *(temps / cause)*

– En lisant les auteurs classiques, elle a compris qu'elle voulait écrire des romans. *(cause / temps)*

– Ce metteur en scène a eu une bonne idée en adaptant ce roman pour le théâtre. *(cause / temps)*

– On a eu des places pour ce concert en allant au guichet des réservations. *(cause / temps)*

– Vous avez eu une bonne idée en nous proposant d'aller au théâtre avec vous. *(cause / temps)*

b) – Ils ont découvert Flaubert en voyant *Madame Bovary* au cinéma.

– Elle a eu des places pour ce concert en téléphonant longtemps à l'avance au théâtre.

– Nous avons mieux compris la pièce en lisant le texte.

– Nous travaillons en écoutant notre musique préférée.

– En adaptant ce roman pour le cinéma, vous ferez un bon film.

– En choisissant de voir ce spectacle, nous étions sûrs de passer une bonne soirée.

– J'ai été très déçu en voyant cette mise en scène très moderne des *Femmes savantes*.

– En passant devant le théâtre, elle a acheté deux places pour *Huis-Clos*.

– M. Legendre a eu l'idée d'adapter ce roman pour le cinéma en cherchant un rôle pour sa fille actrice.

5

Textes possibles : **a)** Je suis allée voir *Mulan* avec mes neveux. Eux, ils ont trouvé le dessin animé fantastique mais moi, j'ai trouvé ce film ennuyeux. L'histoire ne m'a pas semblé très intéressante et les dessins n'étaient pas toujours très bons. Franchement, j'ai été un peu déçue. Je pense qu'il vaut mieux aller voir autre chose !

b) Je suis allée voir *Tartuffe*. C'est une pièce à voir absolument. Le texte est remarquable et cette mise en scène est très nouvelle. Le comédien qui joue le rôle de Tartuffe est tout à fait extraordinaire. Vraiment, il faut absolument que tu aies une place alors dépêche-toi de réserver.

c) *Production possible* :

Sur cette affiche, on voit un couple qui parle à des enfants dans une rue un peu triste, peut-être celle d'une ville pauvre. C'est l'hiver et il fait presque nuit. La femme porte un gâteau dans une boîte alors que l'homme la regarde. Les trois enfants sont assis par terre. Ils semblent connaître les adultes.

pages 29-31

• Compétences

Oral

2

Déception : 2, 3, 7, 8, 9.

Enthousiasme : 1, 4, 5, 6, 10.

3

a) 1. – Le texte est vraiment très riche. L'auteur a mis cinq ans pour écrire le texte.

– La mise en scène est excellente.

– Les comédiens jouent très bien, celui qui a le rôle du patron polonais est remarquable.

– Le sujet est grave mais il y a de l'humour.

– Le public rit par moments.

2. Brigitte a particulièrement apprécié le personnage du patron polonais. **3.** On peut voir cette pièce jusqu'au mois de février. **4.** Elle conseille à Véronique d'aller voir cette pièce mais elle lui dit de réserver longtemps à l'avance car il y a beaucoup de monde. **5.** On peut réserver les places 14 jours à l'avance en allant au théâtre ou par téléphone.

b) riche, excellente, bonne, remarquable, grave, super.

c) 1. – La salle était magnifique.

– Le public était super.

– Les musiciens étaient excellents.

– Le chanteur ce soir-là était mauvais et triste, très loin du public. Il n'avait aucun enthousiasme, il n'était pas en forme.

2. Habituellement, elle adore ce chanteur. **3.** Pendant le concert, il a arrêté deux fois de chanter au milieu de chansons. **4.** Habituellement, il présente ses musiciens. **5.** Quand il a quitté la scène, il a à peine salué le public. **6.** Elle a été très déçue par le spectacle.

d) Il n'était pas en forme, décevant, mauvais, triste, loin du public, il n'avait aucun enthousiasme.

4

1. Une soirée au cinéma. **2.** Pour demain. **3.** Triste, émouvant. **4.** La mère. **5.** Vos critiques sont bonnes, le film est bien construit. **6.** Le film est traité avec humour. **7.** Le rendez-vous est 8 h 30 à la sortie du métro Pasteur. **8.** Non, elles auront le temps de prendre un verre parce que le film commence à 9 heures et que le cinéma est à côté du métro.

Écrit

1

a) Non, aujourd'hui, le public n'est plus très influencé par les critiques de spectacle.

b) Oui, ce phénomène est récent.

c) Le public peut lire des critiques dans des magazines spécialisés, dans les suppléments littéraires des quotidiens, dans les chroniques des hebdomadaires.

d) Les spectateurs recherchent aujourd'hui dans le cinéma les divertissements et les grosses machineries à effets spéciaux produits par Hollywood.

e) La critique cinématographique néglige et critique le cinéma hollywoodien, parfois même en ricane.

f) La critique privilégie les premiers films « fauchés », sans gros budget. Elle préfère des œuvres modernes et difficiles.

g) Le public peut reprocher à la critique de donner des interprétations trop personnelles.

h) Dans cet article, on parle du film *Les Visiteurs* parce que c'est un film qui a reçu une très mauvaise critique mais que le public a beaucoup aimé. Il y a eu des millions de spectateurs.

i) Le public est également prudent envers la critique dans le domaine littéraire.

j) Les lecteurs de romans sont méfiants envers les critiques littéraires qui sont aussi souvent auteurs parce qu'ils travaillent le plus souvent pour la maison d'édition qui édite leurs œuvres.

k) Les lecteurs de province sont prudents envers les œuvres des grandes maisons d'édition parce qu'ils les accusent de préférer les œuvres d'auteurs parisiens et les œuvres des maisons d'édition où les critiques eux-mêmes sont édités.

l) La critique littéraire est parisienne, élitiste et familière des puissants.

m) prendre son autonomie / devenir indépendant
rester sourd à / ne pas écouter
avoir du talent / être très bon
saluer une œuvre / faire une bonne critique
ricaner / se moquer
prendre le contre-pied systématique / avoir toujours une attitude opposée
mettre un point d'honneur à… / vouloir absolument
négliger / ne pas faire attention

n) 1. Les consommateurs sont encore plus qu'avant sous l'influence des lois de la promotion et du marketing culturels. **2.** Un produit à grand spectacle, c'est un spectacle avec une très grande mise en scène et un gros budget.

o) *Mots sans relation avec les autres* : un libraire, une œuvre mineure.

2

Texte possible :

Souvent, on va voir un film parce que dans votre journal habituel, on vous dit qu'il est merveilleux : le réalisateur a du talent ; les acteurs sont extraordinaires ; le sujet est original. C'est riche, émouvant, authentique. On va voir le film et on est déçu : on s'est ennuyé ; on a trouvé l'histoire banale, et le jeu des acteurs complètement artificiel. Et finalement, on regrette de ne pas être resté tranquillement devant la télévision. En fait, il faut apprendre à juger les critiques ; ils n'ont pas les mêmes points de vue que nous, pas la même personnalité. Et les raisons d'aimer ou de détester un film sont très variées : on aime le paysage, les acteurs, l'histoire pour des raisons personnelles, et les critiques ont aussi leurs raisons, qui ne sont pas les mêmes !

Bilan 1

pages 32-39

• Vous connaissez

1

a) Quelques personnes parlaient dans la rue. Deux femmes attendaient à la boulangerie. Trois jeunes buvaient un thé dans un café. On a entendu une explosion : c'était peut-être un attentat ! Les gens sont sortis dans la rue ; les trois jeunes ont couru après une moto ; c'était peut-être le propriétaire de la moto qui avait posé la bombe ! Mais ils n'ont pas réussi à l'attraper. Ils sont allés au commissariat et ils ont décrit l'homme à la police : il avait une cinquantaine d'années, il portait une veste bleue ; il avait les cheveux frisés et le visage rond. Il était de taille moyenne. Un peu plus tard, les pompiers ont découvert les dégâts : une conduite de gaz avait explosé. Heureusement, il n'y a pas eu de victimes !

b) À 20 heures, les spectateurs étaient assis dans le stade de Marseille. Ils attendaient l'arrivée des joueurs. Ce soir-là, l'équipe de Marseille affrontait le PSG. C'était une grande rencontre. La télévision a filmé la totalité du match. À la première mi-temps, Marseille menait par 1 contre 0. C'est Péres qui a marqué le premier but. Les spectateurs ont crié pour montrer leur enthousiasme. La deuxième mi-temps s'est disputée en plus de 45 minutes : le PSG a battu Marseille par 3 contre 1. L'équipe du PSG a fêté sa victoire sur le Vieux Port mais les Marseillais ont été très déçus.

2

1 • La finale du tournoi de tennis aura lieu demain à Roland-Garros : Hingis rencontrera Kournikova. 2 • Le dernier match de rugby se disputera dans deux jours au Stade de France. Les Écossais, qui ont/auront vraiment envie de garder leur titre, affronteront Bordeaux. 3 • On donnera le départ de la course à la voile dimanche à La Rochelle : de jeunes navigateurs participeront à cette course. Ils seront attendus lundi soir à Biarritz. Ils parcourront cette distance dans des conditions difficiles mais nous aurons de leurs nouvelles par radio. 4 • Le Tour de France prendra le départ dimanche prochain. Les coureurs auront 1 500 kilomètres à parcourir. Cette année, le Tour comprendra 26 étapes et, comme chaque année, il se terminera sur les Champs-Élysées.

3

1 • La maison de M. et Mme Combes a été cambriolée. La fenêtre a été ouverte et le poste de télévision a été dérobé, mais l'argent et les bijoux ont été oubliés par le cambrioleur sur la table du salon. Une plainte a été déposée par les victimes et des témoins sont actuellement interrogés par la police. 2 • Le mois prochain, le *Dom Juan* de Molière sera mis en scène par la Troupe de la Lune. Les rôles seront interprétés par de jeunes acteurs inconnus. Des éléments comiques sont apportés par le metteur en scène ; une interprétation très moderne et vivante du texte de Molière nous sera donnée.

4

a) *Présentation possible* :
Tout d'abord, vous pourrez voir pendant plus d'un mois, au Théâtre des Amandiers, *Le Tartuffe* de Molière. Cette pièce débutera la saison théâtrale. Peu de temps après débutera/commencera la pièce *Alfred, Alfred*. Une autre pièce lui succédera, *Quel que soit...* Ensuite, vous pourrez assister à *Éloge de l'ombre* et pour finir/enfin, on jouera *Max Black*.

b) On joue *Le Tartuffe* jusqu'au 22 novembre. Mais dès le 3 décembre, vous pourrez voir *Max Black*. En effet, cette pièce est jouée du 3 au 13 décembre. N'oubliez pas de réserver vos places pour *Alfred, Alfred* avant le/d'ici le 17 octobre. Après, ce sera trop tard ! Pour la pièce *Éloge de l'ombre*, il est encore un peu tôt ; mais vous pouvez réserver vos places dès/à partir de la semaine prochaine ; on la joue à partir du/dès le 3 novembre. Alors ce soir vous pouvez assister au *Tartuffe* qu'on joue déjà depuis le 3 octobre. Mais vous avez encore du temps pour le voir !

5

1 • Il faut que vous arriviez en avance au théâtre et que vous ayez le temps d'acheter votre place. 2 • Il faut que nous rentrions à la maison. Il faut que tu appelles un taxi ; il n'y a plus de métro à cette heure-ci ! Et il faut que nous nous dépêchions parce que je suis très fatiguée ! 3 • Il faut que j'aie un peu d'argent pour aller au stade. Il faut que je sois en avance parce que Pierre m'attendra devant le guichet. Ce match est important pour nous et il faut que nous ayons de bonnes places !

• **Vous savez**

1

a) *De gauche à droite* : Mme Durand, Dominique, Sabine et Bernadette. b) Madame Durand a environ 50 ans. Elle a des cheveux gris. Elle est souriante. Elle est de taille moyenne. Elle porte des boucles d'oreille.

2

a) 1 • Francky a l'habitude de voler dans des bureaux de poste, des banques et dans des pharmacies du quartier Saint-Germain à Paris. 2 • Son dernier cambriolage a eu lieu dans une pharmacie. 3 • Il a emporté l'argent de la caisse. 4 • Non, il est sorti avec une cliente. 5 • Il est allé à la gare Montparnasse. 6 • Il a perdu sa carte d'identité. 7 • Aujourd'hui, Francky est en prison pour six mois au moins. 8 • Il portait toujours les mêmes vêtements et il a perdu sa carte d'identité.

b) *Texte possible* :
Dans un musée, on voit beaucoup de monde devant un grand tableau. À côté, il y a un petit tableau que personne ne regarde. Une femme arrive. Elle prend le petit tableau et le cache dans son manteau. Elle va aux toilettes. Là, elle met le tableau dans son parapluie. Puis elle sort tranquillement du musée. Quand elle arrive chez elle, elle place le tableau au mur et commence à le copier.

3

a)

Enregistrement 1
Sport : rugby
Nom du match : Demi-finale pour la Coupe d'Europe de rugby
Lieu : Belfast (Irlande)
Date : 9 janvier
Résultats : 33 à 27
Nationalité des joueurs : Irlandais du Nord et Français
Équipe gagnante : Les Irlandais du Nord

va perdre ! 2 • À mon avis, les Bordelais vont être battus par l'équipe de Guingamp ! 3 • Je trouve que cette actrice est nulle et je ne l'aime pas du tout ; le film est mauvais et l'histoire n'est pas intéressante.

• **Test**

Écrit

a)

	1	2	3	4	5
Titre du film	*Bandits*	*On connaît la chanson*	*The Game*	*Le Mariage de mon meilleur ami*	*Chat noir, chat blanc*
Opinion favorable		X		X	X
Opinion défavorable	X		X	X	
Expressions indiquant que le journaliste a aimé		Scénario simple, effet comique assuré, le tandem a oublié d'être superficiel, décapante, drôle, émouvante, une comédie de la meilleure trempe		Acteurs excellents, ils déploient des trésors de talent	Irrésistible, film gorgé de sève porté par le rire. Le cinéaste retrouve les vertus de la simplicité et du burlesque
Expressions indiquant que le journaliste n'a pas aimé	Deux heures interminables, leur clip est très laid, nul et totalement inoffensif		Scénario fatigant, images violentes, ils se démènent sans nous convaincre une seconde	Les faiblesses d'un scénario qui manque un peu de muscle	

Enregistrement 2
Sport : Tennis
Nom du tournoi : Le Tournoi de Tennis de Monte-Carlo
Lieu : Monte-Carlo
Date : 25 et 26 avril
Résultats : Carlos Moya a gagné par 6-3, 6-0, 7-5. Cédric Pioline avait gagné la veille.
Nationalité des joueurs : Français et Espagnols
Joueur gagnant : Carlos Moya.

1 • Ce sera la finale de la coupe d'Europe de rugby. 2 • Les Français et les Irlandais. 3 • Elle aura aussi lieu en Irlande. 4 • 60 000 spectateurs seront attendus. 5 • Il avait l'air fatigué et il avait mal au bras. 6 • Le match a duré 1 h 56. 7 • Il avait gagné le match.

4

a) *Accord* : 2, 3, 5, 6, 7. *Désaccord* : 1, 4.
b) *Phrases possibles* :
1 • Je ne fais pas du tout confiance à Bertrand, c'est un très mauvais coureur et je suis sûr qu'il

b) *The Game* : scénario fatigant, images violentes, les acteurs se démènent tant bien que mal mais sans nous convaincre une seconde.
c) *On connaît la chanson* : décapante, drôle, émouvante ; une comédie de la meilleure trempe.

Écrit

1 • *Le Figaro* 2 • Depuis presque 40 ans/1961 3 • Le samedi 12 et le dimanche 13 décembre 98 au bois de Boulogne. 4 • 1 200 enfants mais 20 000 coureurs au total. 5 • Non 6 • Non 7 • *Samedi* : les non-licenciés (1), les hommes (2), les femmes (3), les étudiants (4), les « longues distances » (5), les vétérans (6). *Dimanche* : les enfants (7), les As hommes (8), Les As femmes (9). 8 • Non ; 2 km pour les enfants ; 20 km pour les « longues distances. » 9 • Critiques : il faudrait organiser un cross pour les personnes très âgées. L'organisation des courses se fait trop lentement. 10 • Moment intense ; grand succès ; musique ; clameurs d'encouragements ; le cross sourit et s'emballe pour

ce temps fort rempli d'émotions le bois frémit ; le rythme monte ; le chapiteau… 11 • Les parents… se pressent ; volée de moineaux ; ribambelle (de héros) ; embouteillages ; les enfants débarquent par centaines ; la foule grossit ; les 20 000 héros.

Unité 4

pages 40-41

• Oral

1

b) – Pourriez-vous m'expliquer où est la gare ?
– Bien sûr ! Elle est un peu plus loin…

– Vous pourriez m'accompagner en voiture ?
– Mais volontiers. Montez donc !

– Pourriez-vous me donner un parapluie ?
– Mais naturellement. En voici un.

– Vous pourriez me conseiller un médecin ?
– Naturellement. Le mien est excellent et très sympathique.

– Pourriez-vous me donner un médicament ?
– Bien sûr ! Prenez ceci.

d) – J'aimerais aller au théâtre.
– Excellente idée !

– Je voudrais dîner au restaurant du coin.
– Tiens, pourquoi pas ?

– J'aimerais bien prendre un café.
– Bonne idée.

– Je voudrais faire une promenade sur les quais.
– Excellente idée !

– J'aimerais visiter le musée d'Art moderne.
– Tiens, pourquoi pas ?

– Je voudrais bien inviter des amis.
– Bonne idée.

2

b) – Il vaut mieux que vous preniez un taxi. (tu prennes, nous prenions, ils prennent)
– Il vaut mieux que tu fasses un régime. (vous fassiez, nous fassions, ils fassent)
– Il vaut mieux qu'ils aient plus de temps libre. (vous ayez, nous ayons, tu aies)
– Il vaut mieux que nous soyons plus calmes. (tu sois, vous soyez, ils soient)
– Il vaut mieux que vous mangiez de façon plus raisonnable. (tu manges, nous mangions, ils mangent)

– Il vaut mieux qu'ils choisissent un autre médecin. (tu choisisses, nous choisissions, vous choisissiez)

pages 42-44

• Écrit

1

– Vous devriez vous mettre à table trois fois par jour.
– Il vaut mieux que vous emportiez une collation.
– Augmentez la durée de vos repas et faites-vous plaisir.
Pour donner un conseil, on peut employer le verbe *devoir* suivi de l'infinitif, *il vaut mieux que* suivi du subjonctif et l'impératif.

2

a) *Produits laitiers* : du / un fromage, du fromage blanc, un yaourt, du beurre, du lait.
Produits céréaliers : du pain, des biscuits, des spaghetti, un croissant, des céréales.
Fruits et légumes : des haricots verts, une orange, une pomme, une tomate, de la salade verte.

b) – Si vous voulez maigrir, suivez un régime mais il ne faut pas sauter un repas ; c'est mauvais pour la santé.
– Prenez un petit déjeuner avec des produits variés : un yaourt, des céréales et un fruit.
– Augmentez la durée de vos repas ; n'oubliez pas que c'est un moment de détente.
– Votre dîner doit se composer de légumes, peut-être de viande, d'un produit laitier et d'un fruit.

3

Phrases possibles :
– La plupart des Français déjeunent chez eux le week-end.
– Quelques Français prennent leur petit déjeuner devant la télévision.
– Tous les Français mangent en général du pain aux repas.
– Certaines personnes prennent souvent une soupe le soir.
– La plupart des Français boivent du café le matin, certains préfèrent le thé, le chocolat au lait ou les jus de fruits.
– En 1963, les Français buvaient beaucoup (trop) de vin par an. Heureusement, ils ont beaucoup diminué leur consommation !

4

– Maintenant, ils en boivent beaucoup.
– Oui, ils en achètent quelques-uns.

– On en mange peu.
– Aujourd'hui, on en fait un (par jour).
– Ils en aiment certains.
– On en mange plusieurs chaque jour.
– Quelques-unes en suivent.

5

Phrases possibles :
Les Français ont augmenté leur consommation d'eau minérale mais ils ont réduit leur consommation de vin. On remarque aussi que la consommation de viande a baissé mais leur consommation de poisson a progressé. Leur consommation de fruits reste à peu près stable. Pour les produits gras, on remarque une diminution du beurre. Les Français ont également réduit leur consommation de pain et de sucre.

6

Aujourd'hui, les Français passent moins de temps à table, mais ils consacrent plus de temps à leur petit déjeuner. Le temps qu'ils prennent pour les deux autres repas est presque identique mais le dîner reste un peu plus long. À midi, la majorité des Français rentrent chez eux mais certains déjeunent à la cantine ou au restaurant. Quelques-uns déjeunent ailleurs, dans des jardins publics, au café ou dans la rue, peut-être !

pages 45-47

• Compétences

Oral

4

	1	2	3	4	5	6	7	8
Demande		x			x		x	
Réponse			x			x		x
Conseil	x			x				x
Préférence					x			

5

a) 1. Pour se sentir bien, il faut manger de tout mais en petites quantités. 5. Il ne faut pas prendre trop de sel. 7. Il est interdit de boire de l'alcool. 8. Il faudrait boire chaque jour plus d'un litre d'eau.
b) La journée alimentaire 3 correspond aux conseils du diététicien.

6

	Les enfants aiment	La mère aime
Produits laitiers	oui	oui
Produits sucrés	oui	oui
Café	non	non
Légumes		oui
Poisson	non	oui
Plats en sauce		non
Fruits	oui	oui

Écrit

1

a) On parle du restaurant universitaire de Lorient où on peut prendre des repas bio.
b) Cette expérience a lieu depuis le 10 octobre, au restaurant universitaire de Lorient, à la demande des étudiants.
c) La directrice du restaurant a décidé de faire cette expérience avec l'aide d'un médecin nutritionniste.
d) D'après cet article, l'alimentation biologique est naturelle, bonne pour la santé et au goût, elle est variée, appétissante, pas lourde et elle permet de retrouver le goût des aliments.
e) Les deux aspects négatifs que l'on peut rencontrer dans la préparation d'un repas bio sont le coût élevé des produits et les préparations qui demandent plus de temps.
f) Les étudiants qui prennent des repas habituels pourraient avoir peur en prenant un repas bio d'avoir faim peu de temps après le repas.
g) Les desserts ne figurent pas dans les repas bio de cette université parce qu'ils sont trop chers.
h) Cette expérience deviendra une habitude si à midi on arrive à servir assez rapidement 400 repas de façon régulière.
i) 1. Il existe des menus différents servis chaque jour de la semaine. 2. On a envie de manger ce qu'il y a dans leurs assiettes. 3. Elle est en train de prendre son deuxième repas bio. 4. Elle a un avis définitif. 5. Il n'y a pas de dessert mais on n'en a pas besoin. 6. Ça équilibre. 7. Le personnel a fait le nécessaire pour réaliser ce projet. 8. Ils connaissent les conditions de cette expérience. 9. Le choix des étudiants va décider de l'avenir de ces repas.

2

Texte possible : Les fruits et les légumes, aujourd'hui, ne sont pas toujours bons : ils ont perdu leur goût ; on n'a pas de plaisir à les manger. Bien sûr, les pommes sont rondes et rouges, les salades bien vertes ; les tomates paraissent mûres. Mais quand on les a dans son assiette, on est déçu. D'autre part, avec la culture industrielle, ils ne sont pas toujours bons pour la santé. C'est la chimie, pas la nature, qui les fait pousser. On ne sait pas quelles conséquences les aliments transgéniques, par exemple, peuvent avoir sur la santé. Avec les aliments bio, on peut être sûr que les aliments ont été cultivés comme autrefois ; qu'ils suivent les rythmes de la nature ; que les tomates ne poussent pas en plein hiver, artificiellement, mais qu'elles ont mûri au soleil, comme celles de nos grands-parents. Il y a quand même un gros problème : le prix de ces aliments. Ils coûtent beaucoup plus cher que les aliments ordinaires, et seules les personnes qui ont de l'argent peuvent en acheter régulièrement. Par ailleurs, il existe maintenant de véritables marques de produits bio, qui deviennent elles aussi industrielles. Est-on sûr de leur qualité ?

Unité 5

pages 48-49

• Oral

1

b) – Vous aimez ce tailleur ?
– Oui, mais je préfère celui que vous portez, le rouge.

– Vous aimez cette veste ?
– Oui, mais je préfère celle-là, dans la vitrine.

– Vous aimez ces gants ?
– Oui, mais je préfère ceux que vous portez, les jaunes.

– Vous aimez ces chaussures ?
– Oui, mais je préfère celles-ci, les blanches.

c) – Celle qui joue le rôle d'Emma.
– Celui qui a la moto rouge.
– Ceux que nous avons joués.
– Ceux qui font grossir.
– Celles qui sont devant, dans la vitrine.

2

b) – Oui, c'est un film dont je me souviens.
– Oui, c'est un voyage dont je me suis occupé.
– Oui, c'est un ticket de caisse dont ils ont besoin.
– Oui, c'est un numéro de téléphone dont je suis sûr.

3

b) *Phrases possibles* :
– C'est exact, nous en avons plusieurs.
– En effet, il y en a beaucoup.
– C'est tout à fait ça, elle en a pris trois.
– Tout à fait, j'en ai pris une (noire).
– Absolument, nous en avons vu deux.
– En effet, la semaine dernière, j'en ai acheté une.

pages 50-52

• Écrit

1

Homme actuel / dessin en bas à gauche.
Homme de communication / dessin en bas à droite.
Homme classique / dessin en haut à droite.
Homme de style / dessin en haut à gauche.

2

Coloré : couleur
Original : originalité
Traditionnel : tradition
Élégant : élégance
Artistique : artiste
Naturel : nature

3

– C'est une femme active et dynamique : elle a toujours quelque chose à faire.
– Nos voisins sont des gens discrets : on ne les entend pas !
– Paul est un amoureux de la nature ; il passe son temps à regarder le jardin par la fenêtre de sa chambre.
– Nous nous connaissons depuis vingt ans. Nous sommes vraiment des amis fidèles.
– Elle a trouvé un mari parfait, elle ne pouvait pas espérer mieux : il fait le ménage, il s'occupe de la cuisine et il pense même à lui faire des cadeaux !
– La nouvelle employée est très naturelle : elle porte toujours des vêtements simples et je la trouve très agréable !

4

– Les voitures sont arrêtées à cause de la neige. La neige a provoqué / causé l'arrêt des voitures.
– Le cinéma est fermé à cause d'un incendie. Le cinéma est fermé parce qu'il y a eu un incendie.
– Il n'a pas acheté cette cravate parce qu'elle était trop classique.

– Les voisins ont eu très peur parce qu'un inconnu bizarre rôdait dans le quartier.

– À cause du mariage de Nicolas, nous avons dû acheter des vêtements élégants. Nous avons dû acheter des vêtements élégants parce que Nicolas se marie.

5

– C'est la vendeuse dont elle a suivi les conseils.

– C'est un costume dont il n'avait pas besoin.

– C'est une robe dont Claire a très envie depuis longtemps.

– Ce sont les magasins de mode dont Marion s'occupe.

– C'est une robe dont je n'aime pas du tout le motif.

– C'est un auteur dont j'ai lu tous les romans.

– Ce sont des chanteurs dont elle a les derniers CD.

6

a) – Tu veux bien m'acheter des fleurs ; celles du salon sont vieilles.

– Donne-moi un imperméable, s'il te plaît ; celui que j'ai ne va pas avec ma robe.

– Il faut que tu changes de chaussures, celles que tu portes sont trop vieilles !

– Prends mes pulls ; ceux-ci sont très chauds pour la montagne.

– Ce costume ne convient pas pour un mariage ; mets celui-là.

– Je voudrais voir un pantalon. Combien fait celui qui est dans la vitrine ?

b) – Regardez les femmes dans la rue : celles qui marchent vite ont plutôt une personnalité dynamique.

– J'aime beaucoup le tailleur bleu de la vitrine mais je préfère celui que porte la vendeuse.

– Vous connaissez ce grand magasin, celui où on peut prendre un verre sur la terrasse ?

– Pourquoi ne mettez-vous pas vos chaussures noires, celles qui ont des talons ?

– Je n'aime pas beaucoup les film américains mais celui dont je vous parle est vraiment très intéressant.

– Ils ont besoin de beaucoup de choses mais ce dont ils ont vraiment envie, c'est de calme.

– Elle a beaucoup d'amis étrangers ; ceux qu'elle va nous présenter ce soir sont italiens.

– Je n'aime pas ces rues : je préfère celles où il y a beaucoup de magasins de mode.

– Ce qu'il ne veut pas comprendre, c'est qu'elle est très discrète et qu'elle ne parle pas beaucoup.

– Prenez cette cravate, celle que vous avez ne va pas avec votre chemise.

– Elle ne prend pas souvent son sac marron, celui que les enfants lui ont offert pour Noël !

– J'aime bien regarder les vitrines, surtout celles où les articles sont bien présentés.

7 Productions possibles :

1 • Cette femme porte un tailleur rose et un chapeau de la même couleur décoré de fleurs et d'un oiseau. Elle est élégante et sophistiqué. Elle aime les vêtements de luxe et chers. Elle est probablement très originale.

2 • Cette jeune femme porte des vêtements unisexe : une grande chemise à carreaux ouverte sur un T-shirt et un jean. Elle est décontractée, probablement sportive et dynamique.

3 • Cette femme porte un tailleur pantalon noir et des lunettes de soleil. Sa tenue est simple et classique mais élégante. Elle doit être assez naturelle, aimant la vie simple.

pages 53-55

• Compétences

Oral

2

Exprimer une inquiétude : 2, 3, 6, 8.
Rassurer : 1, 4, 5, 7.

3

a) Elle regarde un pantalon.

b) Elle lui conseille de l'essayer.

c) Elle a peur de paraître / d'être trop grosse avec ce pantalon et qu'il soit trop petit.

d) Non, la cliente n'est pas très jeune, elle dit « pour mon âge… ».

e) Les arguments de son amie sont le prix et que le pantalon va bien avec son pull et qu'il lui va très bien.

f) La cliente achète ce pantalon.

4

a)

Elle aime	Le style naturel, les vêtements simples
Elle n'aime pas	Les cravates et les nœuds papillons
Tenue de travail	Un costume gris ou noir avec une chemise claire
Tenue de week-end	Les pantalons en velours et les pulls

b) Il porte des gris, des bruns et des verts.

c) Son mari est assez classique dans ses goûts.

5

a) Oui, elle l'adore.

b) Parce qu'elle change tout le temps et que ça permet de changer de vêtements.

c) Oui. Elle achète des magazines.

d) Pour regarder et pour essayer les vêtements et les chaussures.

e) Non, parce qu'elle n'a pas beaucoup d'argent.

f) Non, elle trouve que c'est cher et elle déteste être habillée comme tout le monde.

g) Elle trouve que toutes ces femmes habillées en gris sont ridicules.

h) Elle pense que la mode manque d'originalité.

i) Elle choisit son style, ses vêtements en accord avec ses goûts, son humeur et sa personnalité.

Écrit

1

a) Aujourd'hui, la mode trouve ses sources d'inspiration dans la rue, chez les jeunes. Elle est influencée par le sportswear américain.

b) Dans les années 70, le sportswear arrive en France avec le jogging.

c) À partir de ce moment-là, la mode s'invente dans la rue.

d) Les modes circulent aujourd'hui grâce à la télévision et à des agences internationales de conseil en style.

e) 1. les pantalons de velours et les pulls. 2. le jean et le tee-shirt. 3. apparition de vêtements de sport dans la vie de tous les jours. 4. les baskets et le bonnet.

f) Les deux grandes différences entre la haute couture et le prêt-à-porter sont que le grand couturier est un artiste, influencé par son imaginaire. De plus, le couturier refuse la diffusion de masse ; il recherche l'originalité. Le prêt-à-porter recherche son inspiration dans la vie de tous les jours.

g) répugner à / refuser de

être en plein boum / connaître une belle progression

incarner / représenter

se décliner à l'infini / apparaître sous des formes multiples

opter pour / choisir

par petit écran interposé / grâce à la télévision

avoir de beaux jours devant soi / avoir un bel avenir

orchestrer / diriger

h) 1. Il y a une plus grande différence entre… **2.** Ils veulent vendre leurs créations à un petit nombre. **3.** Elle est créée par cette nouvelle nation internationale. **4.** Ils dépassent toutes les différences. **5.** Certains produits ne changent que par de petits détails. **6.** Un adolescent qui veut être reconnu comme tel.

2

Production possible : Quand on regarde les catalogues, on trouve certains modèles très originaux et jolis. Les couleurs, les formes, les matières ont l'air agréable. Et la femme qui les porte les met bien en valeur. Mais il y a aussi des photos de femmes qui ressemblent à des personnages un peu surréalistes : des vêtements en papier, en tissus très épais ; des jupes très courtes ou très longues ; des couleurs violentes ; des talons très hauts… bref, des tenues qu'on ne pourrait pas porter pour aller travailler, ni même pour aller voir des amis. Déjà, les tenues qui nous paraissent jolies dans un catalogue sont beaucoup moins agréables quand on les met ; alors les autres ! L'essentiel, ce n'est pas de suivre la mode, c'est d'être bien dans un vêtement, et de trouver le style qui convient à sa personnalité. Bien sûr, il ne faut pas mettre des pulls larges ou des pantalons immenses simplement pour être à l'aise. Il faut qu'un vêtement soit beau sur celui qui le porte, tout en étant confortable. C'est ça, être bien dans ses vêtements.

Unité 6

pages 56-57

• Oral

b)

– On vous demande de combien vous disposez.

– Nous ne savons pas dans quel quartier vous cherchez.

– Je vous demande quand vous voulez l'occuper.

c) *Phrases possibles* :

– Pouvez-vous me dire ce qui vous conviendrait ?

– Je me demande ce que vous voulez.

– Je ne sais pas ce qui vous ferait plaisir.

– Dites-moi ce qu'il vous faut comme surface.

– Je ne sais pas de quoi vous me parlez.

2

b)

– Vous voulez changer d'appartement ?

– Oui, le nôtre est trop petit.

– Vous voulez changer de voiture ?

– Oui, la nôtre est trop petite.

– Vous voulez changer de bureaux ?

– Oui, les nôtres sont trop petits.

– Vous voulez changer de magasin ?

– Oui, le nôtre est trop petit.

– Tu veux changer d'appartement ?

– Oui, le mien est trop petit.

– Tu veux changer de voiture ?
– Oui, la mienne est trop petite.

– Tu veux changer de bureaux ?
– Oui, les miens sont trop petits.

– Tu veux changer de magasin ?
– Oui, le mien est trop petit.

– Il veut changer d'appartement ?
– Oui, le sien est trop petit.

– Il veut changer de voiture ?
– Oui, la sienne est trop petite.

– Il veut changer de bureaux ?
– Oui, les siens sont trop petits.

– Il veut changer de magasin ?
– Oui, le sien est trop petit.

– Elles veulent changer d'appartement ?
– Oui, le leur est trop petit.

– Elles veulent changer de voiture ?
– Oui, la leur est trop petite.

– Elles veulent changer de bureaux ?
– Oui, les leurs sont trop petits.

– Elles veulent changer de magasin ?
– Oui, le leur est trop petit.

pages 58-59

• Écrit

1

La lectrice demande : Est-ce que j'ai intérêt à prendre une assurance ? Quelles sont les conditions de cette assurance ? Quelles garanties apporte-t-elle ? Combien coûte-t-elle ?
La société d'assurance conseille de prendre une assurance perte d'emploi. Il faut travailler dans l'entreprise depuis un certain temps pour en bénéficier et il faut avoir moins de 55 ans. L'assurance coûte 4 % des remboursements.

2

– Je vous remercie de prendre ma demande en considération et vous prie de recevoir, Madame, l'expression de mes sentiments les meilleurs.
– Veuillez agréer, Monsieur, mes salutations distinguées.
– Je vous remercie à l'avance et vous prie d'agréer, Monsieur, l'expression de ma considération.

3

– Depuis un an, les prix de l'immobilier diminuent.
– Pour acheter une maison, vous pouvez demander un prêt à votre banque.

– Si vous investissez dans l'achat d'un appartement, c'est une bonne solution pour vous.
– Si vous remboursez l'argent de votre emprunt sur plusieurs mensualités, c'est plus facile pour votre budget.
– Pour acheter une voiture, il est possible de faire un emprunt auprès de votre banque.

4

a) – Je voudrais savoir ce que vous me conseillez.
– Actuellement, je voudrais savoir s'il vaut mieux acheter ou louer. – Je voudrais savoir quels sont les prix des appartements. – Je voudrais savoir si c'est le bon moment pour investir dans l'immobilier. – Je voudrais savoir si on peut avoir facilement un prêt bancaire. – Je voudrais savoir où on peut obtenir les meilleurs prêts. – Je voudrais savoir ce que les banques proposent comme conditions. – Je voudrais savoir quand on doit commencer à payer les premières mensualités.
b) – Il faut que je sache ce qui vous conviendrait le mieux.
– Il faut que nous sachions ce que vous pourriez nous proposer.
– Il faut que vous me disiez de quoi vous avez besoin.
– Il faut que vous vous demandiez ce que vous préféreriez.
– Il faut que nous sachions de combien vous disposez.
– Il faut que vous nous expliquiez qui pourrait nous prêter de l'argent.
– Il faut que je sache ce qu'il vous manque pour prendre une décision.

5

a) *Propositions correctes* : **1.** Je voudrais que vous me donniez un conseil / la banque me donne un prêt. **2.** Ils pensent que ces garanties sont importantes. **3.** Il faudrait que tu ailles à la banque. **4.** Il nous dit que nous devons remplir certaines conditions. **5.** Il est important que vous remplissiez cette demande. **6.** Il ne sait pas ce que nous pourrons payer comme loyer. **7.** Elles voudraient que vous preniez le conseil d'un banquier. **8.** Il croit que cet appartement lui conviendra parfaitement.
b) Je voudrais savoir si la banque me donne un prêt / si vous achetez un appartement plus grand / si ces garanties sont importantes / si les enfants font un emprunt / si vous demandez des garanties / si nous devons remplir certaines conditions / si tu sais ce que tu recherches, je prends rendez-vous avec l'agent immobilier / si vous arrivez pour le déjeuner / si tu prendras un emprunt / si cet appartement lui conviendra parfaitement.

Chers parents,

J'espère que vous allez bien. Je suis toujours dans mes problèmes d'emprunt pour acheter un appartement. J'aimerais avoir votre avis. Que pensez-vous de cette possibilité ? Pour acheter le studio que j'ai vu, j'ai besoin d'un prêt de 30 400 euros. Si je fais cet emprunt sur moins de 7 ans, je paie 3,70 % d'intérêts. Si j'emprunte sur moins de 12 ans, je paierai 4,25 % en plus du prix. J'aimerais savoir ce que vous me conseillez. J'attends votre lettre avec des conseils. Je vous embrasse très fort.

Sophie

pages 61-63

- **Compétences**

Oral

3

Plainte : 1, 2, 4, 6. *Incitation* : 3, 5, 7, 8.

4

L'enregistrement que vous avez entendu correspond à la fiche 2.

5

	L'homme	La femme
Profession	Professeur	Directrice artistique dans une agence de publicité
Situation familiale	Marié, un enfant	Célibataire
Revenus	Salaire moyen	Elle gagne très bien sa vie.
Propriétaire	Oui	Non
Locataire	Non	Oui
Pour quelle raison ?	C'est trop cher de payer un loyer.	Elle déteste s'occuper des problèmes de banque et elle aime changer de quartier.
Projets immobiliers	Il sera propriétaire de son appartement dans 5 ans et il pourra le revendre pour en acheter un plus grand.	Quand elle aura envie de changer de quartier, elle cherchera un autre appartement à louer et elle déménagera.

Écrit

1

a) Pierre et Nathalie ont construit leur maison.
b) Ils ont pris cette décision parce qu'ils n'ont pas beaucoup d'argent et qu'ils ont du temps libre.
c) Ils ont pris cette décision quand ils sont venus passer leurs vacances dans cette île bretonne en août 1990 et qu'ils ont vu un terrain constructible pas trop cher à vendre.
d) Leur maison se trouve dans une île en Bretagne, dans un champ.

e) Non, leur maison n'est pas finie au moment où l'article est écrit ; ils n'y ont encore jamais dormi.
f) Elle est en bois.
g) Ils commencent les travaux de peinture à l'intérieur.
h) Cette maison n'est pas faite spécialement pour y habiter quand ils seront vieux. C'est plus un but en soi, juste pour le plaisir de faire sa maison.
i) Oui, ils vont y vivre seuls mais ils vont inviter leurs amis.
j) Dans leur maison, il y a un grand salon, et d'autres grandes pièces pour recevoir des amis mais les chambres sont petites.
k) Oui, c'est la première fois qu'ils construisent une maison et ils n'avaient aucune expérience dans ce domaine ; ils ont acheté des livres et ils ont regardé les autres maisons de l'île.
l) Non, ils ne sont pas sûrs d'eux ; Pierre s'est posé beaucoup de questions pendant la construction et ils ont attendu la première grosse tempête avec inquiétude : ils avaient peur que la maison (ne) s'envole.
m) être au chômage / être sans emploi
être constructible / avoir l'autorisation de faire une maison
être irresponsable / ne pas être très raisonnable
être exigu / être très petit
n) 1. Ils aiment tous ses détails. **2.** Se faire une petite maison. **3.** Une habitation exceptionnelle. **4.** Tous les deux sont sans argent. **5.** Construire sa maison. **6.** C'est un problème à surmonter. **7.** Ne pas être très sûr de soi.

2

Texte possible : Aujourd'hui, la vie dans les villes est souvent insupportable : c'est bruyant ; les gens font leurs courses à la même heure, et les voitures ne peuvent plus rouler. Vous êtes sans arrêt dans les embouteillages. Les tuyaux d'échappement, la pollution, ça finit par vous rendre fou. Et puis, à la campagne, on peut louer ou acheter une grande maison : vous avez de l'espace, une belle vue. Et surtout, vos voisins sont à un kilomètre. Vous n'avez pas de bruit, pas de conflits. Même si vos enfants veulent regarder la télévision, vous, vous pouvez lire, la maison est assez grande. Mais un soir, il est dix heures. Vous avez oublié d'acheter du pain. À cette heure-là, les supermarchés sont fermés : pas de pain frais au petit déjeuner. Un autre jour, il n'y a pas d'huile. Il faut prendre la voiture pour aller au supermarché… à 10 km ! Vous commencez à vous dire que la ville aussi a des avantages. Vous vous demandez si vous n'avez pas intérêt à changer de logement. Finalement, en ville, on a des magasins, qui ouvrent tard le soir ; vous avez du bruit de temps en temps, ce n'est pas désagréable. Et puis avec les voisins, on n'a pas toujours de conflits.

Bilan 2

pages 64-71

• **Vous connaissez**

1 • Je voudrais connaître les résultats des courses. 2 • Vous pourriez me donner un steak plus cuit ? 3 • Ta fille voudrait manger quelque chose ? 4 • Ce soir, on pourrait aller au restaurant ! 5 • Nous n'aimerions pas du tout habiter à la campagne ! 6 • Vous voudriez venir dîner demain soir ? 7 • Nos enfants pourraient jouer ensemble ! 8 • Tu n'aimerais pas un appartement plus clair ? 9 • On voudrait avoir les conseils d'un diététicien.

2

Phrases possibles :
1 • Il vaudrait mieux que tu suives un régime. 2 • Il faudrait que tu ne sautes pas de repas. 3 • Il vaudrait mieux que tu manges des céréales. 4 • Il faudrait que tu prennes ton temps pendant les repas. 5 • Il vaudrait mieux que tu évites les féculents. 6 • Il faudrait qu'elle change de vêtements. 7 • Il vaudrait mieux qu'elle s'habille plus jeune. 8 • Il faudrait qu'elle aille dans de bons magasins. 9 • Il vaudrait mieux qu'elle achète des vêtements de qualité. 10 • Il faudrait qu'elle choisisse des couleurs claires. 11 • Il vaudrait mieux que vous sachiez ce que vous voulez. 12 • Il faudrait que vous soyez d'accord avec le reste de la famille. 13 • Il vaudrait mieux que

vous disposiez d'une somme importante. 14 • Il faudrait que vous preniez une assurance. 15 • Il vaudrait mieux que vous connaissiez l'endroit où vous voulez habiter. 16 • Il faudrait que vous investissiez dans un quartier agréable. 17 • Il vaudrait mieux que vous vous installiez le plus vite possible.

3

a) 1 • J'ai choisi un régime qui est sain, que je peux suivre facilement et dont je suis très contente. 2 • Il faut choisir une formule de prêt que vous ne regretterez pas, qui offrira toutes les garanties et dont le remboursement ne posera pas de problème. 3 • C'est une femme dont tout le monde se souviendra. Les vêtements qu'elle porte sont toujours discrets et élégants. Elle sait choisir le modèle qui lui convient. Pourtant, les magasins où elle s'habille sont très simples.

b) Vous cherchez un blouson ? Ici, vous trouverez celui qui vous convient, celui dont vous rêvez et celui que vous serez contente de porter longtemps !

Vous cherchez une robe ? Ici, vous trouverez celle qui vous convient, celle dont vous rêvez et celle que vous serez contente de porter longtemps !

Vous cherchez des chaussures ? Ici, vous trouverez celles qui vous conviennent, celles dont vous rêvez et celles que vous serez contente de porter longtemps !

Vous cherchez des gants ? Ici, vous trouverez ceux qui vous conviennent, ceux dont vous rêvez et ceux que vous serez contente de porter longtemps !

4

1 • Demandez-vous de quelle somme vous disposez. 2 • Demandez-vous ce que vous préférez : la ville ou la campagne. 3 • Demandez-vous ce que vous conseillent vos amis et vos parents. 4 • Demandez-vous ce que vous propose l'agent immobilier. 5 • Demandez-vous de combien de mètres carrés vous avez besoin. 6 • Demandez-vous si vous pourrez facilement aller travailler. 7 • Demandez-vous s'il y a une école pas trop loin pour vos enfants. 8 • Demandez-vous si votre banque va vous accorder un prêt. 9 • Demandez-vous combien vous pouvez consacrer chaque mois aux remboursements. 10 • Demandez-vous si vous avez intérêt à prendre une assurance. 11 • Demandez-vous quand vous souhaitez vous installer.

• Vous savez

1

Phrases possibles :

a) – Pardon monsieur, pourriez-vous me donner un conseil ? Je cherche un appartement…

– Mais bien sûr, madame, que cherchez-vous exactement ? Voulez-vous louer ou acheter ?

b) – Madame, je voudrais avoir une meilleure alimentation. Que me conseillez-vous ?

– Vous devriez manger moins de graisses, et il faudrait que vous preniez plus de légumes frais…

c) – Pardon mademoiselle, comment trouvez-vous ce chemisier ? Pourriez-vous me dire s'il me va bien ?

– Écoutez, je trouve qu'il est fait pour vous. C'est exactement votre taille. Et il va très bien avec la couleur de vos cheveux. Vous ne pouviez pas trouver mieux !

d) – Voilà, je voudrais changer d'apparence physique. Pourriez-vous m'aider ? Quels conseils me donneriez-vous ?

– Écoutez, vous êtes plutôt naturelle. Vous devriez mettre des vêtements plus simples : choisissez plutôt des pantalons et des vestes de couleurs claires. Et il faudrait aussi que vous changiez de coiffure. Je crois que les cheveux plus courts vous iraient très bien.

2

Phrases possibles :

a) – Cette robe vous va très bien.

– Moi, je ne trouve pas. Qu'est-ce que tu en penses, Philippe ? Tu ne trouves pas qu'elle est trop grande ?

– Non, je suis tout à fait d'accord avec mademoiselle. Je te trouve ravissante dans cette robe !

b) – Non, vraiment, ce n'est pas ce que je cherche. Je voudrais un appartement avec une terrasse.

– Mais vous savez, madame, il y a très peu d'appartements avec terrasse et celui-ci est grand, ensoleillé… et puis il n'est vraiment pas cher ! En plein centre-ville, vous n'aurez pas souvent ce genre d'offre. Moi, à votre place, je réfléchirais bien. Revenez me voir dans quelques jours, mais n'attendez pas trop : il pourrait être vendu !

c) – Alors à chaque repas, je prends de la charcuterie, des pâtes, du fromage et un gâteau. Et je bois de la bière.

– Il faudrait que vous changiez vos habitudes, elles sont très mauvaises : vous prenez trop de graisses, trop de féculents, pas assez de légumes verts et de fruits et la bière n'est pas très bonne pour la santé. Il vaudrait mieux que vous buviez de l'eau et de temps en temps un petit verre de vin…

d) – Tu sais, on pourrait aller vivre en banlieue : on aurait une petite maison avec un jardin pour les enfants.

– Tu te rends compte ? Il faudrait avoir deux voitures pour aller travailler et puis, on ne pourrait plus sortir le soir. Non, vraiment il vaudrait mieux trouver un appartement assez grand dans le centre-ville. Les enfants pourraient aller jouer dans les jardins publics et ils se feraient plein de nouveaux amis. Je crois que c'est la meilleure solution, et ce ne sera pas plus cher.

• Test

Écrit

a) *Phrases vraies :* 1 • La journaliste trouve surprenant qu'un grand chef écrive un livre de recettes diététiques. 3 • La journaliste n'aime pas beaucoup l'huile de paraffine dans les plats. 4 • Le Dr Sabatier estime que l'huile de paraffine est aussi bonne dans la cuisine que l'huile d'olive. 6 • Il estime que le faux sucre n'a pas de goût particulier. 7 • Il trouve dommage qu'aujourd'hui il n'y ait pas de restaurants proposant de bons plats diététiques.

Écrit

a) *Titres possibles :* Un jeune couturier entre dans la cour des grands. Première collection d'un jeune créateur. Les débuts d'un jeune couturier. Un jeune créateur qui n'a pas froid aux yeux.

b) *Nom :* Cédric Carpentier. *Âge :* 25 ans. *Formation professionnelle :* Brevet de technicien vêtement, mesure et création. *Stages :* Chez Nina Ricci, travail à Paris comme patronier. *Projet professionnel :* Monter sa propre collection.

c) 1 • Oui, il a déjà travaillé chez Nina Ricci. 2 • Il a déjà obtenu une salle pendant six mois, prêtée par la mairie de Louviers ; elle assure aussi une aide technique pour la présentation de sa collection. 3 • Il devra participer l'an prochain à la réalisation de costumes pour les centres de loisirs et les écoles de la ville. 4 • Il attend d'autres aides du ministère de la Jeunesse et des Sports (4 500 €) et des aides privées de commerçants de la ville et de sponsors qu'il est en train de chercher. 5 • Il prépare des vêtements très féminins (robes style années 20 et corsets). 6 • Il aura lieu dans 5 mois, en décembre. Au défilé, il invitera des grands couturiers dont Christian Lacroix, dont il est un admirateur.

d) Oui, il semble favorable au projet de Cédric : il est encourageant et admiratif (il n'a pas froid aux yeux), il aime son style (une superbe robe) et l'atmosphère que Cédric va donner à son défilé (le spectacle devrait être grandiose).

Écrit

Madame,
J'ai lu une publicité sur votre centre thermal de Bormes-les-Eaux et j'aimerais beaucoup y faire prochainement un séjour. Pour cela, je souhaiterais avoir quelques informations : tout d'abord, j'aimerais mieux connaître les soins que vous proposez. De plus, je voudrais savoir quelle est la période la plus agréable et quelle durée vous me conseilleriez. Enfin, j'aimerais avoir des informations plus complètes sur vos tarifs. Pour cela, j'aimerais recevoir une documentation plus complète sur votre centre.
Je vous remercie à l'avance et vous prie d'agréer, Madame, l'expression de ma considération.

Écrit

Monsieur,
Je suis sur le point de mettre mon appartement en vente mais avant de faire paraître une annonce dans votre journal, je souhaiterais obtenir quelques informations que vous pourrez, je pense, me donner. Tout d'abord, je voudrais savoir quel est le prix d'un mètre carré dans le XVIe arrondissement à Paris. J'aimerais aussi connaître le prix d'une petite annonce dans votre journal. Pourriez-vous également me dire en combien de temps un appartement est vendu en général ? Enfin, pourriez-vous m'indiquer si la surface exacte de l'appartement doit être précisée dans le texte de l'annonce ?
J'attends votre réponse pour passer mon annonce et je vous remercie à l'avance.
Veuillez agréer, monsieur, mes sincères salutations.

Oral

a) 1 • Il parle d'un marché de produits biologiques (naturels). 2 • Il se passe à Lannion (en Bretagne). 3 • On peut y acheter des produits alimentaires bio, de la laine, des poteries et des objets en bois peint. 4 • Ils se plaignent des faibles subventions qu'ils reçoivent et de la difficulté à vivre de la vente de produits bio, plus chers que les autres. 5 • Ils trouvent que c'est agréable de vendre des produits bio parce qu'ils se sentent plus proches des gens en vendant sur les marchés et à la ferme.

Unité 7

pages 72-73

• Oral

1
b) Elle a dit qu'elle cherchait du travail, que ce n'était pas facile, mais qu'elle avait vraiment envie d'en trouver, qu'elle ne voulait pas rester à la maison.

2
b) Elle a dit qu'elle arrêterait bientôt de travailler, qu'elle en profiterait pour se détendre, qu'elle irait au cinéma, qu'elle verrait des amis, qu'elle prendrait le temps de lire, qu'elle ferait de la musique…

3
b) Elle n'a pas cessé de parler.
Elle n'arrêtait pas de travailler.
Elle ne cessait pas de manger.
Elle n'a pas arrêté de jouer au tennis.

pages 74-76

• Écrit

1
– Il occupe un poste de comptable depuis plusieurs années.
– Le mari de Fabienne participe au travail de la maison.
– Envoie d'abord ton CV et tu iras ensuite à l'entretien.
– Il cherche un emploi ; il y a six mois qu'il est au chômage.
– Elle a obtenu un diplôme en communication.
– Vous serez responsable de la comptabilité.
– Son fils a un métier très intéressant : il est ingénieur.
– Tu dois te présenter à un entretien pour obtenir ce poste.

2
– Après avoir lavé les vêtements, il faut faire du repassage. Ensuite, on peut ranger les vêtements.
– Les mères de famille doivent aller très souvent au supermarché pour faire les courses.
– Chez nous, c'est la jeune fille au pair qui s'occupe des enfants : elle va les chercher à l'école et elle joue avec eux.
– Tous les samedis, on fait un grand ménage : on lave la cuisine et la salle de bains, on range toute la maison.

– En général, ce sont les femmes qui font la cuisine, mais les hommes peuvent aussi préparer d'excellents repas.

3

a) 1. Ils m'ont demandé si nous serions libres la semaine prochaine. **2.** Elle pensait qu'elle trouverait bientôt du travail. **3.** Je ne savais pas que Louis avait changé de poste et que vous aviez reçu cette formation. **4.** On m'a dit que tu n'avais pas arrêté de travailler pendant la semaine et que nous nous occuperions de la communication ensemble.

b) – Il disait qu'ils cherchaient un emploi.
– Tu pensais qu'on nous préviendrait plusieurs jours à l'avance ?
– Elle se demandait si elle irait à l'entretien.
– Je ne savais pas si vous prendriez ce poste.
– Tu croyais qu'on verrait le directeur ?
– Elle me disait qu'elle irait à Londres lundi prochain.
– Ils ne savaient pas encore si ce poste lui convenait.

c) Nathalie nous a dit qu'elle s'était inscrite à des cours par correspondance pour étudier les métiers de la communication ; qu'elle avait obtenu un BTS en communication ; que la chance était alors intervenue ; qu'à ce moment-là, l'entreprise Bioforce cherchait un responsable de la communication ; qu'elle s'était présentée à un entretien ; qu'elle avait signé un contrat pour trois mois.

4

Marie Dubois a fait un stage chez Renault il y a 5 ans. Il y a 5 ans que Marie Dubois a fait un stage chez Renault. Il y a 4 ans, elle a obtenu un emploi chez Fiat. Il y a 2 ans, elle a quitté cet emploi. Elle ne travaille plus chez Fiat depuis 2 ans. Il y a deux ans qu'elle a commencé à travailler à La Redoute. Elle travaille à La Redoute depuis 2 ans.

Martin Buisson a commencé ses études à Paris V en 1990, il y a donc 10 ans. Il est resté à Paris V pendant 3 ans. Ensuite, il y a donc 7 ans, il est allé en Espagne. Il a fait des études à Madrid pendant 2 ans. En 1996, il y a 4 ans, il a eu un diplôme en communication internationale. À partir de 1997, il a été chargé des relations internationales chez Seat France. Il a occupé ce poste pendant 2 ans. Depuis 1999, il est directeur de la communication à Buenos Aires.

pages 77-79

• Compétences

Oral

3

Réprobation : 1, 4, 7. *Embarras* : 2, 3, 5, 6, 8.

4

a) 1 • Ces deux femmes sont la mère et la fille. **2** • Cette conversation est provoquée par l'air fatigué de la fille. **3** • La mère trouve que sa fille n'a pas du tout un mauvais mari : il fait beaucoup de choses dans la maison, plus que son mari à elle.

b)

	Le mari	La femme
Faire les courses	x	
Faire la cuisine		x
Préparer les repas d'amis	x	
Faire le ménage		x
Passer l'aspirateur	x	
Faire la lessive		x
Faire le repassage	x	
Amener les enfants à l'école	x	
Promener le chien	x	

5

a) Elle est médecin.
b) Il est professeur.
c) Il fait les courses et aide les enfants à faire leurs devoirs.
d) Ils doivent ranger leur chambre.
e) Elle fait le ménage et le repassage.
f) Elle vient trois fois par semaine.
g) Elle prépare le dîner.
h) Ils visitent un musée, ils font des promenades.
i) Personne ne déjeune à la maison.
j) Le mari de Véronique rentre le plus tôt et il aide les enfants.

Écrit

1

a) Les jeunes enfants cohabitent avec des personnes âgées.
b) Les personnes âgées habitent au-dessus des enfants.
c) Les enfants rendent visite aux personnes âgées. On leur prépare un goûter. Ils ont des activités ensemble.
d) Ils lisent des histoires, ils jouent, ils dessinent.
e) Ils font de la peinture, de la cuisine, de la musique.
f) Ils sont tendres et familiers.
g) Ces visites apportent du bonheur aux personnes âgées.
h) Elles sont attendues parce que les personnes âgées peuvent aussi garder le contact avec les jeunes.
i) Ils en sont satisfaits.
j) Elle ressemble aux familles d'autrefois, où plusieurs générations cohabitaient.
k) Non.
l) une halte-garderie / une crèche

une maison de retraite / un lieu de vie pour personnes âgées
une salle de jeux / une pièce pour jouer
une crêpe / une sorte de dessert
le petit écran / la télévision
un gamin / un enfant
un préjugé / une idée toute faite
esseulé / laissé seul
une complicité / une bonne communication
un(e) aîné(e) / une personne plus âgée que vous
m) Remarquer et observer.
n) 1. Elle est sensible. **2.** Ils sont contents. **3.** Ils sont gentils et se sentent proches. **4.** C'est normal. **5.** Ils font quelque chose de leurs mains. **6.** Des enfants vivent avec des personnes âgées. **7.** On arrête de regarder la télévision. **8.** Nous voulons qu'ils arrivent très vite. **9.** Par ces échanges, ces personnes vivent mieux en groupes.

2

Texte possible : Aujourd'hui, les femmes préfèrent rester à la maison plutôt que de travailler. Bien sûr, il y a quelques années, les femmes ont obtenu l'égalité des droits avec les hommes, et même si leurs salaires sont souvent moins élevés, elles ont aujourd'hui des postes à responsabilité. Pourtant, certaines aujourd'hui se demandent si c'est vraiment le bon choix : on leur a dit qu'elles seraient plus libres, qu'elles gagneraient plus d'argent. C'est vrai, elles ont un salaire, mais est-ce qu'elles sont vraiment plus libres ? Après leur journée de travail, elles ont à faire les courses. Elles rentrent pour faire la vaisselle, le ménage, la cuisine. Et si elles prennent une femme de ménage, il faut la payer. Il faut bien sûr trouver quelqu'un pour garder les enfants. Aujourd'hui, beaucoup d'hommes partagent le travail avec leur femme : ils font les courses, ou la vaisselle. Mais certains se trouvent encore trop épuisés quand ils rentrent. Ils arrivent en général plus tard que leur femme, quand tout est terminé, et quand les enfants sont couchés. Mais malgré cela, les femmes préfèrent travailler. Elles s'ennuient toute la journée chez elles ; elles ont peur du jour où les enfants seront grands, où elles se retrouveront sans travail et sans indépendance. Car l'indépendance, c'est important.

Unité 8

pages 80-81

• Oral

1

b) Si nous habitions à la campagne, nous aurions un chien. Mais nous habitons en ville.

S'ils habitaient à la campagne, ils auraient un chien. Mais ils habitent en ville.
c) *Exemples :* – Si je faisais du sport, je serais en meilleure forme.
– Si je n'avais pas de voisins, je ferais de la musique.
– Si nous connaissions cette jeune fille, nous prendrions un verre avec elle.
– S'ils pouvaient acheter une voiture, ils choisiraient une Twingo.
– Si nous étions plus libres, nous pourrions nous reposer.
e) – Si tu faisais de la gymnastique, tu ne serais pas fatiguée.
– Si vous faisiez de la gymnastique, vous ne seriez pas fatiguée.
– Si tu buvais de l'eau, tu ne serais pas fatiguée.
– Si vous buviez de l'eau, vous ne seriez pas fatiguée.
– Si tu mangeais équilibré, tu ne serais pas fatiguée.
– Si vous mangiez équilibré, vous ne seriez pas fatiguée.
– Si tu prenais des vacances régulièrement, tu ne serais pas fatiguée.
– Si vous preniez des vacances régulièrement, vous ne seriez pas fatiguée.

– Si tu le sortais plus souvent, ton chien ne s'ennuierait pas.
– Si vous le sortiez plus souvent, votre chien ne s'ennuierait pas.
– Si tu lui laissais un peu de liberté, ton chien ne s'ennuierait pas.
– Si vous lui laissiez un peu de liberté, votre chien ne s'ennuierait pas.
– Si tu jouais avec lui, ton chien ne s'ennuierait pas.
– Si vous jouiez avec lui, votre chien ne s'ennuierait pas.
– Si tu ne le laissais pas seul trop souvent, ton chien ne s'ennuierait pas.
– Si vous ne le laissiez pas seul trop souvent, votre chien ne s'ennuierait pas.

2

b) – Votre fils travaille trop, il faut le laisser se reposer.
– Votre fille ne travaille pas, il faut la faire travailler, il faut la laisser travailler.
– Ces personnes sont trop grosses, il faut les faire maigrir.
– Cette femme est épuisée par le bruit, il faut la faire changer de chambre.
– Les enfants ont faim, il faut les faire dîner.
– Mon mari doit trouver une solution, il faut le laisser réfléchir.
– Ma fille est fatiguée, il faut la laisser dormir.

3

b) – Oui, je leur en offre souvent.
– Oui, je le leur conseille.
– Oui, ils la lui ont donnée.
– Oui, ils leur en ont donné un.
– Oui, nous leur en donnerons.
– Oui, je le lui demanderai.
– Oui, on lui en a envoyé une.
– Oui, nous la leur avons indiquée.

pages 82-84

• Écrit

1

a) – Si vous cherchez un chien, allez voir dans un refuge pour animaux. On pourra vous proposer d'adopter des animaux abandonnés.
– Si vous avez un chien, il vaut mieux lui faire faire un tatouage au cas où vous le perdriez. Mais vous pouvez aussi écrire vos coordonnées sur son collier.
– Votre chien doit toujours vous obéir ; certaines races de chiens sont plus faciles à élever que d'autres.
b) abandon, adoption, promenade, contrôle, jeu, tatouage.
c) Ce jeune chien a été abandonné par son propriétaire. Il semble bien élevé et affectueux, mais il est malheureux. Si vous l'adoptez, il deviendra un bon compagnon de jeu.

2

On pourrait aller vivre au Québec. Je serais professeur de français à l'université de Montréal. Nous trouverions une grande maison en banlieue. Les enfants iraient étudier à la fac. Tu aurais du temps pour faire de la musique. L'hiver, nous ferions du ski. On verrait nos amis pendant les vacances. Je prendrais un mois pour leur montrer la région. Nous achèterions une grosse voiture. Nous aurions une vie agréable et nous serions très heureux là-bas !

3

a) – Un jour, si vous vivez à la campagne, vous pourrez avoir un chien.
– Ton chien aurait de l'espace pour courir si tu avais un jardin.
– Plus tard, j'offrirai un chat à mes enfants s'ils en veulent un.
– Si nous décidions d'adopter un chien qui s'occuperait de lui ?
– Que feraient-ils de leur chien s'ils partaient en voyage ?

– Si ma chienne avait / a des chiots, je vous en donnerais / donnerai un.
b) – Si nous avions un chien, il faudrait le sortir.
– Si les enfants voulaient un hamster, je devrais m'occuper de lui.
– On serait obligés de le faire garder quand nous ferions des voyages.
– Les enfants, vous ne joueriez pas avec un chien si vous préfériez regarder un film à la télé.
– Les voisins ne seraient pas contents si un chien vivait dans l'immeuble.
c) – Nous sortirons ce soir à condition que nous ne rentrions pas trop tard.
– Je réserverai une table dans un restaurant à condition que ce soit encore possible.
– À condition que Pierre et Nathalie soient libres, nous pouvons leur proposer de venir.
– Nous prendrons la voiture pour y aller à condition qu'il n'y ait pas trop de monde sur la route.
– Je mettrai ma petite robe noire à condition qu'il ne fasse pas trop froid.
– Tu me téléphones à condition que tu puisses rentrer plus tôt. Je me préparerai.

4

a) – Je lui ai envoyé une carte ; elle a dû la recevoir.
– Les voisins ont fait beaucoup de bruit hier soir ; ils ont dû fêter quelque chose.
– Cette étudiante est absente depuis deux jours ; elle doit / a dû être malade.
– Brigitte a beaucoup maigri ; elle a dû suivre un régime.
– Je n'ai pas vu vos fils depuis deux ans ; ils ont dû beaucoup changer.
– M. Leroux ne répond pas au téléphone ; il a dû partir de bonne heure.
b) *Phrases possibles :*
– Au cas où ce ne serait pas possible, nous dînerions chez nous.
– Au cas où Nathalie et Pierre ne seraient pas libres, nous resterions seuls.
– Au cas où il y aurait trop de monde, nous irions en bus.
– Au cas où il ferait froid, je prendrais un pull.

5

– Vous devez le promener tous les matins.
– Il faut lui en donner un une fois par mois.
– Je vous conseille de lui en mettre un.
– Vous devez lui en faire faire.
– Il faut les laisser jouer ensemble.
– Vous devez lui en donner tous les jours.
– Vous devez le laisser courir.
– Il faut que vous lui donniez une alimentation équilibrée.

Production possible :

Monsieur,

Je dois partir vivre en Espagne et je ne peux malheureusement pas garder ma chatte, Clochette. J'aimerais que quelqu'un l'adopte et s'occupe bien d'elle. Elle est jeune, elle a deux ans. Elle est douce et affectueuse et elle adore le confort. Je vous donne aussi sa photo : regardez comme elle est belle !

J'espère que vous trouverez, grâce à votre refuge, un nouveau maître pour Clochette.

Je vous remercie à l'avance.

pages 85-87

• Compétences

Oral

3

Concession : 1, 4, 6, 7. *Impatience :* 2, 3, 5, 8.

4

a) 1. Dominique, Maguy et Catherine. **2.** Dominique. **3.** Cécile et Laurent. **4.** Philippe. **5.** Martine. **6.** Catherine. **7.** Cécile, Philippe et Martine.

b) 1. Être médecin, avoir une jolie femme, avoir un chien, avoir une grosse voiture américaine. **2.** Elle recueillait tous les animaux. **3.** Son appartement est un zoo. **4.** Pour qu'il l'accompagne partout. **5.** Très dur. **6.** Comme ses enfants. **7.** Avec elle. **8.** Elle les nourrit, elle les brosse, elle les soigne ; elle leur donne tout son amour. **9.** Parce que son mari ne supportait plus ses chiens. **10.** Elle-même. **11.** Non.

Écrit

a) Un Tamagotchi est un jeu électronique à puce qui anime un animal virtuel.

b) Il se présente sous la forme d'un petit œuf en plastique avec un poussin sur un écran.

c) Pour s'occuper d'un Tamagotchi, il faut lui donner à boire, à manger, lui faire des câlins et lui faire faire ses besoins, le soigner et jouer avec lui.

d) Il peut mourir si on ne s'occupe pas de lui.

e) Non, elle n'est pas favorable au Tamagotchi : il prend trop de temps à son fils mais elle a surtout peur du jour où le Tamagotchi ne marchera plus.

f) On lui conseille de ne pas donner trop d'importance à ce jeu et à la relation que son fils a

avec le Tamagotchi, de ne pas le lui enlever et d'inviter plus souvent des amis de son fils à la maison.

g) se cacher/se trouver ; menacer/annoncer (une chose négative) ; se lasser/se fatiguer, s'ennuyer ; cliquer/appuyer sur un bouton ;

franchir le seuil/entrer ; passer/disparaître, s'arrêter ; remplacer/prendre la place ; commettre une erreur/ se tromper ; céder/accepter sans enthousiasme ; manifester/montrer, exprimer ; bousculer/faire se dépêcher ; se reproduire/ recommencer.

h) Animal.

i) 1. Une puce électronique c'est un mini-ordinateur. **2.** Un animal virtuel c'est un animal qui n'existe pas vraiment.

j) 1. Il paraît sans danger. **2.** La vie devient difficile à cause de lui. **3.** Elle a très faim. **4.** Si on obéissait à Thomas. **5.** Il faut lui permettre d'aller « aux toilettes ». **6.** Cet appareil sans intérêt dirige toutes nos actions.

k) Dans sa lettre la mère exprime la colère et l'exagération (*notre vie familiale est devenue un enfer, Au moment du départ, c'est un véritable drame*), l'exaspération (*Bien que nous ne soyons pas très favorables à ce genre de jouet, nous avons fini par céder, nous voilà esclaves d'un appareil stupide*), le regret (*nous avons commis une grave erreur*) et l'inquiétude (*J'imagine l'horreur quand il va « mourir »*).

l) Les sentiments exprimés dans la réponse sont le réconfort et l'encouragement (*Ne vous inquiétez pas*) et l'encouragement (*Et puis, pourquoi n'inviteriez-vous pas de temps en temps les copains de votre fils à la maison : c'est tout de même plus drôle…*).

2

Texte possible : Beaucoup d'espèces aujourd'hui sont adoptées par les gens : des chiens, des chats, des hamsters, on trouve tout dans les appartements des Français. Un animal, c'est vrai, vous donne de l'affection : il est là quand vous arrivez, il vous donne des moments de joie, vous avez même l'impression qu'il vous comprend. Un chat ou un chien, c'est une personne, c'est un ami. Si un jour vous les perdiez, vous seriez certainement très malheureux. Bien sûr, il faut les sortir, il faut leur donner à manger, il faut s'occuper d'eux. Mais si vous aimez vraiment les animaux, ce n'est pas un problème. En revanche, êtes-vous sûr que votre chien ou votre chat est heureux ? Bien sûr, à la Société Protectrice des Animaux, vous trouverez quantité de chiens maltraités par leur maître et, en les adoptant, vous leur faites du bien. Mais les animaux préfèrent la nature et les grands espaces. Ils ont besoin de courir, de jouer, de respirer. Est-on toujours sûr d'avoir suffisamment de place pour eux ? Est-ce qu'ils ne se sentent pas à l'étroit dans un appartement minuscule ? Quand on a un tout petit appartement, il vaut mieux ne pas adopter un chien qui n'est heureux que lorsqu'il… est en laisse ! Il vaut mieux adopter… un hamster, par exemple !

Unité 9

pages 88-89

• Oral

1

b) – Si vous aviez entretenu votre voiture, vous n'auriez pas eu d'amende.
– Si vous aviez relevé le numéro du véhicule, on aurait pu l'arrêter.
– Si vous aviez arrêté le conducteur, il serait allé au commissariat.
– Si vous aviez vérifié les papiers du conducteur, vous auriez eu son nom.

2

b) – Tu aurais dû relever le numéro ! Elles auraient dû relever le numéro !
– Pourquoi n'as-tu pas relevé le numéro ? Pourquoi n'ont-elles pas relevé le numéro ?
c) – Vous auriez dû entretenir votre voiture !
– Pourquoi n'avez-vous pas relevé le numéro ?
– Il fallait arrêter le conducteur !
– Vous auriez dû vérifier les papiers du conducteur !
e) – Vous auriez dû m'écouter, vous auriez gagné. Il fallait m'écouter, vous auriez gagné. Si vous m'aviez écouté, vous auriez gagné.
– Tu aurais dû suivre les conseils du médecin, tu aurais maigri. Il fallait suivre les conseils du médecin, tu aurais maigri. Si tu avais suivi les conseils du médecin, tu aurais maigri.
– Ils auraient dû regarder le match à la télévision, ils ne se seraient pas ennuyés. Il fallait regarder le match à la télévision, ils ne se seraient pas ennuyés. S'ils avaient regardé le match à la télévision, ils ne se seraient pas ennuyés.
– Elle aurait dû indiquer sa taille à son mari, il n'aurait pas pris un blouson trop grand. Il fallait indiquer sa taille à son mari, il n'aurait pas pris un blouson trop grand. Si elle avait indiqué sa taille à son mari, il n'aurait pas pris un blouson trop grand.
– Tu aurais dû porter une tenue fantaisiste, tu aurais obtenu le rôle. Il fallait porter une tenue fantaisiste, tu aurais obtenu le rôle. Si tu avais porté une tenue fantaisiste, tu aurais obtenu le rôle.

3

b) – Il ne faudrait pas que tu regardes la télévision toute la soirée. Tu ne devrais pas regarder la télévision toute la soirée.
– Il devrait sortir le chien. Il faudrait qu'il sorte le chien.
– Vous devriez faire la cuisine. Il faudrait que vous fassiez la cuisine.
– Il devrait faire des cadeaux à sa femme. Il faudrait qu'il fasse des cadeaux à sa femme.
– Ils devraient dîner avec leurs enfants. Il faudrait qu'ils dînent avec leurs enfants.
– Il faudrait qu'elle parte en voyage. Elle devrait partir en voyage.

pages 90-91

• Écrit

1

a) une lutte, la pollution, le dépassement, la conduite, le début, la protection, l'entretien, l'amour.
b) examiner, prévoir, vérifier, punir, disparaître, imaginer, expliquer.

2

– un refuge.
– un jardin.
– dissuader.

3

– Les gens sont d'accord pour protéger la nature. D'ailleurs (de fait), ils aiment les fleurs. Or certaines espèces sont en voie de disparition. Pourtant (néanmoins), ils les cueillent. C'est pourquoi les gardiens de parc sont obligés de mettre des amendes.
– Les Français adorent les animaux. D'ailleurs (de fait), beaucoup en ont un chez eux, même en ville. Pourtant (cependant), les chiens ne sont pas faits pour vivre en appartement. Or, il n'y a pas de jardins prévus pour eux. De plus, les jardins publics leur sont interdits. Pourtant (néanmoins), les Français continuent par égoïsme à avoir des animaux.

4

– Il aurait réussi si on avait travaillé ensemble.
– Si Pierre était arrivé plus tôt, nous serions allés au cinéma.

– Si mon père l'avait vérifié, nous n'aurions pas payé d'amende.
– Les enfants seraient sortis s'il avait fait beau.
– Je serais parti si j'avais gagné de l'argent.
– Vous auriez pu y aller si vous n'aviez pas été invités.

5

Phrases possibles :
Il est interdit de camper et de faire du feu. Il ne faut pas pêcher et il est défendu de faire peur aux animaux de l'île. Si vous faites des promenades, il ne faut pas que vous sortiez des chemins et il est interdit d'entrer dans les réserves. Il est important que vous rouliez lentement en VTT et il faut que vous jetiez les papiers dans les poubelles. Il est essentiel aussi que vous éteigniez bien vos cigarettes, que vous respectiez les fleurs et il faut absolument que vous restiez loin des oiseaux.

pages 93-94

• Compétences

Oral

3

Soutien : 2, 3, 5, 7, 8. *Reproche* : 1, 4, 6.

4

a)

	a le permis	a une voiture	conduit souvent
Yann	x		
Jean			
Marie	x	x	x
Michèle	x		
Nicolas			x

b) 1. Il a eu un accident. 2. Il prend le train ou il loue une voiture avec un chauffeur. 3. Il marche, il prend le train, le métro, l'autobus, des taxis et il fait de l'auto-stop. 4. Il l'a vendue à cause de son fils. 5. Ils lui ont offert de passer le permis. 6. Elle habite à la campagne, elle a son bac, elle a des enfants. 7. Elle loue une voiture. 8. Il est étudiant. 9. Il a un scooter. 10. Il espère avoir une belle voiture.

Écrit

a) La vie écologique.
b) Aux consommateurs.
c) En faisant plus attention dans la vie de tous les jours : chauffage, transports, appareils électriques, alimentation, déchets, isolation.

d) contribuer / aider
éviter / ne pas rencontrer
privilégier / préférer
réclamer / demander en insistant
éteindre / arrêter
consommer / utiliser
dégager / produire
supprimer / faire disparaître
isoler / fermer très bien, hermétiquement
e) 1. Climat. Il étudie les climats. 2. C'est un réchauffement de la planète. 3. Elles coûtent dix fois plus cher à l'achat mais on les utilise huit fois plus longtemps et elles consomment quatre fois moins d'énergie. 4. Des bœufs.
f) 1. Grâce à de bonnes habitudes, tout le monde peut… 2. C'est mieux aussi pour votre argent. 3. Ne chauffez pas trop mais mettez un vêtement chaud. 4. Des appareils qu'on ne débranche jamais du courant électrique. 5. Avoir des déchets rangés par catégories. 6. Il vaut mieux transformer les vieux produits pour en faire de nouveaux. 7. Empêcher le froid d'entrer dans les maisons.

2

Texte possible : Par moments, on en a assez de la pollution produite par les voitures : quand on sort de chez soi, on ne peut plus respirer, à Paris en particulier. Rue de Rennes, le samedi, c'est insupportable. Beaucoup de gens qui habitent d'autres quartiers ou en banlieue parisienne viennent faire leurs courses en même temps. Ils prennent leur voiture, les parkings sont pleins ; on avance au ralenti. Les gens sont énervés. Il est impossible dans ces conditions de se promener agréablement et de bien profiter des vitrines des magasins. Le soir, on est fatigué ; la peau s'abîme ; les vêtements sont sales. Et quand vous voyez la poussière sur les meubles de votre appartement, vous imaginez ce que vous devez respirer ! Certaines villes, comme La Rochelle, ont choisi de privilégier les piétons et de rendre les quartiers aux habitants. Les gens semblent plus heureux, plus détendus. Bien sûr, il faut s'organiser. On ne peut pas supprimer la circulation dans tous les quartiers. Il faut garder de grandes artères, et prévoir des parkings importants. Il faut, bien entendu, que les véhicules d'urgence puissent circuler. Il faut penser aussi aux personnes âgées, et à leurs problèmes de déplacements. Mais si tous ces problèmes sont réglés, retrouver sa ville, pouvoir s'y promener tranquillement, ce serait sûrement un avantage pour tous les habitants.

• **Vous connaissez**

1

1 • Il a dit qu'il n'aimait pas faire les courses, qu'il préférait repasser. 2 • Je pensais qu'elle s'ennuyait à la maison ; mais elle m'a dit qu'elle était très épanouie. 3 • Elle a dit qu'elle s'occuperait beaucoup mieux des enfants et qu'elle aurait du temps à leur consacrer. 4 • Je croyais que les chiens souffraient en appartement ; mon fils m'a dit qu'ils étaient très heureux, qu'ils jouaient et qu'ils couraient toute la journée. Et qu'après, ils dormaient bien. 5 • Le responsable du refuge m'a dit qu'il faudrait quand même les sortir plus souvent.

2

1 • Si elle ne travaille pas, elle sera plus détendue. Si elle ne travaillait pas, elle serait plus détendue. Si elle n'avait pas travaillé, elle aurait été plus détendue. 2 • Si vous avez des responsabilités, vous ferez bien votre travail. Si vous aviez des responsabilités, vous feriez bien votre travail. Si vous aviez eu des responsabilités, vous auriez bien fait votre travail. 3 •Si tu t'occupes de tes chiens, ils seront en bonne santé. Si tu t'occupais de tes chiens, ils seraient en bonne santé. Si tu t'étais occupé de tes chiens, ils auraient été en bonne santé. 4 • Si tu te présentes, tu obtiendras le poste. Si tu te présentais, tu obtiendrais le poste. Si tu t'étais présenté, tu aurais obtenu le poste. 5 • Si nous contrôlons notre véhicule, nous ne serons pas condamnés. Si nous contrôlions notre véhicule, nous ne serions pas condamnés. Si nous avions contrôlé notre véhicule, nous n'aurions pas été condamnés. 6 • Si nous sommes sévères avec notre chien, il obéira mieux. Si nous étions sévères avec notre chien, il obéirait mieux. Si nous avions été sévères avec notre chien, il aurait mieux obéi.

3

1 • Il est rentré de voyage il y a deux semaines. Depuis son retour, il cherche du travail. 2 • Il y a six mois que nous avons un chien et depuis que nous l'avons, les enfants regardent beaucoup moins la télévision. 3 • Madeleine a arrêté de fumer il y a un an : depuis qu'elle ne fume plus, elle a pris trois kilos mais elle se sent beaucoup mieux. 4 • Depuis un an, nous habitons à la campagne. Jean est beaucoup plus détendu depuis qu'il s'occupe du jardin ! 5 • Je suis inquiète : je n'ai pas eu de nouvelles de Valérie depuis trois semaines. C'est bizarre, elle ne m'a pas téléphoné depuis que nous avons déjeuné ensemble. 6 • Il y a un an, tu fêtais tes quarante ans. Et depuis tout ce temps, tu n'as pas encore fait le voyage en Égypte dont tu rêves ! Qu'est-ce que tu attends ?

4

a) 1 • Non, il ne faut pas lui en donner. 2 • Oui, je le leur ai offert. 3 • Oui, je les lui ai demandées. 4 • Non, je ne les y invite pas souvent.
b) 1 • Est-ce que vous amenez votre fils au théâtre ? 2 • Avez-vous prêté votre véhicule à cet ami ? 3 • Avez-vous acheté cette maison à vos voisins ? 4 • N'avez-vous pas lu d'histoires à votre fils ? 5 • Avez-vous donné ces lettres à vos parents ?

5

1 • Les Français adorent les animaux : de fait, 75 % ont un chien. Pourtant ils vivent souvent dans des appartements en ville ; en effet, le matin, les gens sont nombreux à promener leur chien dans les rues. D'ailleurs, moi aussi le matin, je sors mon chien ! 2 • Les femmes aujourd'hui préfèrent travailler : effectivement, elles sont 60 % à travailler, d'ailleurs, il y a beaucoup de crèches. Pourtant quand elles ont de jeunes enfants, elles ont la possibilité de s'occuper d'eux pendant un an. De plus, elles obtiennent de l'argent pour garder leurs enfants.

6

1 • que tu ailles / 2 • que vous veniez / 3 • que je fasse / 4 • que nous vendions / 5 • que tu choisisses.

• **Vous savez**

1

1 • Il a dit sa femme allait reprendre un travail, qu'il allait donc l'aider dans les travaux ménagers, qu'il aimait bien faire la cuisine, qu'il préparerait les repas avec plaisir, que le ménage, ça ne lui plaisait pas beaucoup mais qu'ils prendraient une femme de ménage, qu'il ferait les courses, que c'était toujours lui qui entretenait la voiture, que ça ne changerait pas.
2 • Le garagiste a dit que notre voiture n'était pas en bon état, qu'il fallait la faire vérifier plus souvent, que sinon nous aurions une amende importante à payer, que les contrôles antipollution étaient de plus en plus sévères.

Phrases possibles :

1 • ... je prendrais des cours de tennis.

2 • ... j'aurais consacré plus de temps à ma vie de famille.

3 • ... il faudrait le sortir tous les matins.

4 • ... on n'aurait eu des problèmes avec les voisins.

5 • ... vous partiriez plus souvent en week-end.

6 • ... vous seriez venus nous voir l'été dernier.

7 • ... à Paris, tu pourrais dormir chez eux.

8 • ... à la Martinique, tu aurais pu passer tes vacances chez eux l'année dernière.

• Test

Écrit

Premier témoignage

1 • Si je sors de Paris, je meurs. 2 • L'espace, les enfants, la qualité de la vie. 3 • Elle s'expatrie, grain de folie, dose d'optimisme. 4 • Une maison de 350 m². 4 ha de terrain, piscine, maison d'amis, boxes à chevaux. Elle s'organise depuis chez elle pour son travail. 5 • La campagne est un désert culturel.

Deuxième témoignage

1 • inconcevable de franchir le périphérique, la mort dans l'âme, ils se résignent à émigrer. 2 • Nous avons la chance de pouvoir travailler à domicile, de ne pas subir les encombrements. Ils sont sous le charme, les gens sont plus aimables, tout est facile et proche, en 6 ans, ils n'ont eu aucun PV.

Écrit ou Oral

a) 1 • C'est une publicité. 2 • Elle est faite par une association : « Allô Mamie ». 3 • Il s'adresse aux mères de famille qui travaillent et qui ont des problèmes pour faire garder leurs enfants. 4 • Des gardes d'enfants par des femmes disponibles. 5 • Il fait référence à la difficulté de mener une vie professionnelle et une vie de famille.

Écrit

a) 1 • C'est un article de presse qui montre comment rendre une ville aux piétons. 2 • Il raconte une opération qui a lieu à La Rochelle et dans 35 villes. **b)** 2 • La circulation des voitures sera interdite dans 35 villes le mardi 22 septembre. 3 • Cette expérience a déjà été pratiquée à La Rochelle. 5 • Pour faciliter cette journée sans voitures, on organise des parkings en plus, les vélos et les voitures électriques

pourront aller partout. 6 • Cette journée doit permettre de vérifier la qualité de l'air, comparer le degré de pollution avec les jours de circulation normale. 7 • Les habitants des villes pourront, ce jour-là, se promener sans souci, mieux respirer, écouter les oiseaux chanter.

c) Une ville propre. Respirer en ville.

Écrit

Production possible :

Monsieur,

Je vous félicite pour l'initiative que vous avez prise concernant la circulation réduite dans le centre de la Rochelle. J'habite moi-même cette partie de la ville et j'aime me promener à pied dans ce quartier, surtout quand il n'y a pas le bruit et la pollution causés par les voitures. Cependant, cette initiative m'inquiète un peu : comment pourrai-je utiliser ma voiture jusqu'à mon appartement. Pourriez-vous m'indiquer les heures où il sera possible de circuler sans avoir de problèmes avec la police. Je vous remercie de m'envoyer ces informations et vous prie d'agréer, Monsieur, l'expression de ma considération.

Unité 10

pages 104-105

• Oral

b) – Puisque l'espace non-fumeurs est complet, nous dînerons ailleurs.

– Puisque vous ne fumez pas, je ne fumerai pas non plus.

– Puisque ma femme n'aime pas la campagne, nous allons nous installer en ville.

c) – Puisque ce n'est pas grave, ce n'est pas la peine d'appeler les pompiers.

– Cet enfant a mal aux yeux parce qu'il regarde trop la télévision.

– Puisque vous n'avez pas respecté la priorité, vous aurez une amende.

– Cet homme a été arrêté parce qu'il avait cambriolé une bijouterie.

– Puisque c'est un jeu de hasard, on peut jouer n'importe quel numéro.

– Puisque ce film fait l'unanimité, on devrait aller le voir.

2

b) – Ce n'est pas parce que vous êtes en retard que vous pouvez pas dépasser la vitesse autorisée. Sous prétexte que vous êtes en retard, vous ne pouvez pas dépasser la vitesse autorisée.

– Ce n'est pas parce que le chien du voisin fait du bruit que le vôtre a le droit d'en faire aussi. Votre chien n'a pas le droit de faire du bruit sous prétexte que le chien du voisin en fait aussi.

– Ce n'est pas parce que la femme de votre meilleur ami déteste rester chez elle que votre femme doit travailler. Votre femme ne doit pas travailler sous prétexte que la femme de votre meilleur ami déteste rester chez elle.

– Ce n'est pas parce qu'après votre travail vous avez besoin de vous reposer que vous pouvez regarder la télévision toute la soirée. Vous ne pouvez pas regarder la télévision toute la soirée sous prétexte qu'après le travail vous avez besoin de vous reposer.

– Ce n'est pas parce que la pollution vous rend fou que vous avez le droit d'obliger votre famille à vivre à la campagne. Vous n'avez pas le droit d'obliger votre famille à vivre à la campagne sous prétexte que la pollution vous rend fou.

3

b) – Ça te dérangerait qu'on n'aille pas voir ce film ? que nous n'allions pas voir ce film ?

– Ça te dérangerait qu'on sorte ce soir ? que nous sortions ce soir ?

– Ça te dérangerait qu'on prenne la voiture ? que nous prenions la voiture ?

– Ça te dérangerait qu'on choisisse une autre table ? que nous choisissions une autre table ?

4

a) – Je trouve désagréable que certaines personnes fument à table.

– Je ne trouve pas raisonnable qu'il boive plus d'une demi-bouteille de vin en mangeant.

– Je ne supporte pas que Patrick fasse du 150 km/h sur l'autoroute.

– Je ne trouve pas normal que les appartements parisiens soient très chers.

– C'est un scandale qu'un salarié de 55 ans puisse perdre son travail.

– Je trouve scandaleux que vous ne teniez pas compte des mesures pour protéger l'environnement.

pages 106-108

• Écrit

1

Tu es malade, tu devrais consulter un médecin. Il va te conseiller des moyens pour te soigner. Il te demandera d'aller chez le pharmacien. Il faudra que tu prennes soin de toi et, dans quelques jours, tu iras mieux.

2

– suivre.
– déranger.
– adopter.
– stressé.
– refuser.

3

a) – Puisque tu n'arrives pas à arrêter de fumer, va consulter un médecin.

– Ce n'est pas parce que tu as l'intention de maigrir que tu ne dois plus préparer les repas.

– À cause de notre dîner d'hier soir, nous sautons le déjeuner aujourd'hui.

– Comme vous ne vous sentez pas en forme, prenez quelques jours de vacances.

– Grâce au jogging qu'il fait tous les matins, il est très en forme physiquement.

– Sophie commence un régime parce qu'elle voudrait perdre quelques kilos.

– Sous prétexte que tu as arrêté de fumer, tu manges toute la journée.

b) *Phrases possibles* :

– Un collégien a frappé un professeur ; cela a entraîné une grève du personnel.

– L'explosion d'une bouteille de gaz hier soir a provoqué des dégâts importants.

– La préparation des examens occasionne chez elle un stress important.

– Son père ne supporte pas la fumée. Ce problème est dû à une maladie des poumons.

– La fermeture de l'entreprise a entraîné un chômage important.

– La violence dans les écoles est due à des conditions de vie difficiles.

– La circulation contrôlée a provoqué une baisse de la pollution.

4

a) – Elle se sent très fatiguée depuis quelques jours <u>alors</u> elle va voir son médecin.

– Il a arrêté de fumer, <u>aussi</u> a-t-il pris cinq kilos en un an.

– Nous faisons souvent du sport, <u>c'est pourquoi</u> nous nous sentons en pleine forme.

– Mon fils a été malade la nuit dernière ; il n'est <u>donc</u> pas allé à l'école ce matin.

– Elle ne mange plus, <u>si bien</u> qu'elle maigrit.

b) *Phrases possibles* :

– Pierre s'est fait mal au bras ; alors il est allé à l'hôpital.

– Elle a très mal à la tête ; aussi ne viendra-t-elle pas chez vous ce soir.

– Ils étaient très occupés si bien qu'ils ne nous ont pas téléphoné.

– Vous passez trois jours à Bordeaux. Nous vous invitons donc à dîner le soir qui vous convient.

5

Production possible :
Chère Cécile,
Je sais, c'est très difficile d'arrêter de fumer. Mais je suis sûre que tu vas y arriver. Regarde ta cousine ! Moi aussi, j'y suis arrivée. Si tu as des problèmes avec ta famille, parles-en avec tes amies et puis tu peux également aller consulter le médecin scolaire. Il est aussi là pour t'aider ! Allez, ne t'inquiète pas : si tu veux vraiment arrêter de fumer, ça va marcher. Bon courage. Amélie.

pages 109-111

• **Compétences**

Oral

3

Colère : 2, 3, 6, 8.
Indifférence : 1, 4, 5, 7.

4

a) À la radio.
b) 01 45 62 99 80.
c) Il y a 10 ans.
d) À un dîner : il n'avait plus de cigarettes et il a décidé d'arrêter en même temps que son ami jusqu'à leur prochain dîner.
e) Avec des amis.
f) Leur prochain dîner.
g) Oui.
h) C'est au début.
i) Un grand verre d'eau, des chewing-gums, des bonbons.
j) Il sent mieux les odeurs, il court plus vite.
k) Oui.
l) Il fume un cigare.
m) Que cela devienne une habitude.

Écrit

1

a) Le Téléthon, la recherche sur les maladies génétiques et les soins aux malades.
b) Collecter de l'argent pour soigner les malades et aider la recherche.
c) Une émission de télévision est organisée par des sportifs, des artistes, des associations.
d) À ceux qui souffrent d'une maladie génétique et à la recherche médicale.
e) La myopathie (maladie des muscles), la mucoviscidose (maladie des poumons).

f) souffrir / être atteint
fonder / créer
collecter / rassembler
transmettre / donner
mettre en place / travailler sur
se consacrer à / s'occuper de
soutenir / aider
g) 1. le bébé a au moment de sa naissance. **2.** sert aux équipes de médecins qui étudient ces maladies. **3.** cherche les moyens de guérir ces maladies.
h) 1. Faire réussir des travaux scientifiques. **2.** Il prépare un projet important. **3.** Ces recherches font espérer beaucoup de gens mais on commence tout juste à soigner ces maladies. **4.** Elle veut travailler pour découvrir les remèdes.

2

Texte possible :
Messieurs,
C'est avec beaucoup d'émotion que je suis chaque année l'émission « Grande Tentative ». Je la regarde tous les ans, et tous les ans, je suis très ému. Malheureusement, cette année, j'étais à l'étranger. J'aimerais savoir si on peut encore envoyer un don par téléphone et à quel numéro. Par ailleurs, puisque je n'ai pas regardé l'émission, j'aimerais savoir combien coûte la collecte des fonds, et à combien s'élèvent les frais de gestion cette année. Et, comme j'ai fait un don l'année dernière, j'aimerais aussi savoir quels sont les progrès obtenus, pour quelles maladies et quels sont les projets de recherche pour l'année prochaine. Pourriez-vous me dire s'il existe une documentation officielle concernant ces questions, et où je peux la trouver ? Sinon, la presse a certainement abondamment parlé de cette opération et il vous suffirait de m'indiquer quelques titres de journaux.
En vous renouvelant mes félicitations, je vous prie d'agréer, Messieurs, l'expression de ma considération.

Unité 11

pages 112-113

• **Oral**

1

b) – Les contrôles de véhicules, c'est fait pour que les conducteurs conduisent moins vite, pour qu'ils fassent vérifier leur véhicule, pour qu'ils ne boivent pas d'alcool avant de prendre le volant, pour qu'ils soient plus prudents, pour qu'ils aient moins d'accidents.

– La campagne contre le tabac, c'est fait pour que vous ayez la volonté d'arrêter de fumer, que vous pensiez à votre famille, que vous vous sentiez mieux, que vous soyez libre.

2

b) – En faisant vos courses aujourd'hui, vous bénéficiez des promotions.
– En allant dans un supermarché, vous faites des économies.
– En choisissant mieux ce qu'on achète, on réduit ses dépenses.
– En offrant un CD, on fait plaisir.

3

b) – Je croyais qu'il en faisait !
– Je croyais que vous les aviez !
– Je croyais que vous en faisiez une !
– Je croyais qu'on les interdisait !
– Je croyais que vous en vouliez !

4

b) En achetant deux chemises, vous payez 18 € au lieu de 21 €. Vous payez chaque chemise 9 €. Vous gagnez 2 € sur chaque chemise et vous avez trois chemises pour le prix de deux !
En achetant deux pulls, vous payez 23 € au lieu de 28 €. Vous payez chaque pull 11,50 €. Vous gagnez 2,50 € sur chaque pull et vous avez trois pulls pour le prix de deux.

pages 114-116

• **Écrit**

1

a) offrir, vendre, acheter, poursuivre, verser, informer, commander, dépenser.
b) bonnes affaires, une promotion, une réduction.

2

– Du 4 au 11 janvier, vous pouvez bénéficier de réductions intéressantes sur le rayon maison.
– Si le prix d'un article est différent de celui annoncé par la publicité, il faut porter plainte contre le directeur du magasin pour publicité mensongère.
– Pour effectuer l'achat d'un appartement, vous devez verser un acompte de 10 % du prix total. Vous le perdez si vous dépassez un délai d'un an.
– Le service des fraudes est chargé de poursuivre les commerçants qui ne respectent pas la loi.
– Pour annuler une commande, ne dépassez pas un délai de sept jours.
– J'ai lu une affiche proposant deux articles pour le prix d'un. Alors, vous m'offrez le deuxième pull ?
– Au rayon des produits laitiers, il y avait une offre spéciale ce matin : un fromage gratuit pour l'achat de deux.
– Je suis désolée, Madame, ce modèle n'est plus disponible en ce moment. Nous avons tout vendu !

3

– Nous avons choisi ce supermarché afin de bénéficier de certaines promotions.
– Vous faites de la publicité pour que les clients viennent plus nombreux.
– Je verse un acompte de façon que nous réservions trois places.
– Cette affiche a pour objectif de faire respecter la nature.
– Nous affichons nos articles en promotion pour les vendre plus rapidement.
– Elle passe sa commande maintenant de façon que sa table arrive samedi prochain.
– J'ai porté plainte contre ce commerçant afin qu'il fasse plus attention à ses prix.
– N'attendez pas plus d'une semaine de manière à pouvoir annuler votre commande.
– Téléphone au magasin pour savoir si l'article est disponible.
– Versez un acompte pour que votre commande soit définitive.

4

– Ma sœur travaillant dans cette agence, on lui propose des réductions intéressantes.
– Mes parents ayant beaucoup de temps libre, ils visitent souvent des expositions de peinture.
– Ayant une grande famille, ils font leurs achats dans un supermarché intéressant.
– Ne lisant pas les publicités, je ne connais pas les articles en promotion.
– Les promotions étant terminées, je n'achète plus rien dans les grands magasins.
– Les clients ayant porté plainte contre le directeur, le supermarché a fermé le mois dernier.

5

– En achetant cette voiture en promotion, ils feront une bonne affaire.
– En étant un bon client, on peut obtenir un rabais.
– En empruntant de l'argent à la banque, mes parents ont pu acheter leur appartement.
– En dépensant tout mon salaire, j'offrirai ce bijou à ma femme.
– En annonçant des prix plus intéressants, ces commerçants augmenteraient le nombre de leurs clients.
– En t'obligeant à signer ce contrat, la vendeuse

ne respecte pas la loi.
– En annonçant des prix que vous ne respectez pas, vous faites de la publicité mensongère !
– En faisant un achat dans une foire commerciale, on ne peut pas annuler sa commande.
– En versant un acompte, vous ne pourrez plus annuler votre commande.
– En montrant leur carte d'étudiant, ils bénéficieront d'une réduction.

6

Production possible :
Madame,
Je ne suis pas du tout satisfaite de votre dernière vente promotionnelle et je suis pourtant une bonne cliente depuis longtemps. J'ai reçu une publicité annonçant des robes à 69 € et le jour même, quand je suis arrivée dans votre magasin, il n'y en avait plus. En faisant ce genre d'annonce, vous risquez de perdre vos fidèles clientes. Je tenais à vous exprimer mon mécontentement.
Salutations.

pages 117-119

• Compétences

Oral

3

Menace : 1, 5, 6.
Incompréhension : 2, 3, 4, 7, 8.

4

	La femme	L'homme	La jeune fille	L'adolescent
Qui achète les vêtements ?	Le couple	Sa femme	Elle-même	Lui-même
Où ?	Magasins d'usine à Troyes	Grands magasins	Petites boutiques, dépôts ventes	Marché aux puces ou à des copains
Quand ?	2 ou 3 fois par an		Au moment des soldes	
Avantages	Les prix intéressants	C'est pratique	On fait de bonnes affaires	C'est sympa, ce n'est pas cher
Inconvénients	Articles de l'année précédente	C'est un peu plus cher		

5

a) Patricia et Émilie.
b) Antoine.
c) Madame Leroi.
d) Patricia, Émilie et Léon.
e) Il profite de la vie. Ses enfants n'ont pas de problèmes d'argent. Il n'a pas à faire d'économies.

f) Son mari a une excellente situation.
g) Elle fait des courses.
h) Elle s'achètera un petit appartement sur la côte d'Azur.
i) Ses parents lui donnent un peu d'argent. Et il fait des petits boulots.
j) Gagner beaucoup d'argent plus tard.

Écrit

1

a) Les emprunts, la consommation, le surendettement.
b) Aux personnes qui risquent d'être surendettées.
c) Parce qu'on ne peut pas toujours bien la contrôler. Il y a trop de tentations.
d) Des associations composées de professionnels de la finance et les banquiers.
e) Non, parce qu'il y a des frais secondaires (essence, assurance…).
f) En cas de chômage, en cas de divorce ou d'accident.
g) Les paiements en plusieurs fois, les paiements différés, l'argent prêté sans garantie et la publicité.
h) être surendetté / devoir beaucoup d'argent
nécessiter / avoir besoin
se rendre compte / comprendre
se changer les idées / penser à autre chose
résister / lutter contre
suggérer / conseiller
se méfier / faire attention
i) 1. une étude pour aider les gens qui ont des problèmes d'argent. 2. une somme d'argent qui aide les personnes en difficulté. 3. une situation qui peut changer. 4. un document publicitaire.

j) 1. Ce n'était pas toujours facile mais on continuait. 2. En plus de soutenir leurs membres, elles… 3. Il peut dire si vous pouvez demander un autre crédit. 4. On nous donne tout le temps et partout envie de consommer. 5. On paie seulement six mois plus tard. 6. Un pourcentage écrit en petites lettres.

2

Texte possible : Acheter à crédit, bien sûr, c'est très agréable pour s'offrir tout ce qu'on désire. Vous voulez une nouvelle voiture : non seulement on vous accorde des rabais, mais vous pouvez l'acheter sur trois ans. Vos enfants veulent un ordinateur sous prétexte que tous leurs copains en ont un. On vous en propose à des prix qui n'ont plus rien à voir avec ceux d'il y a quelques années. Comment résister à la tentation ? Pour faire plaisir à vos enfants. Seulement, voilà. Au bout de deux ou trois crédits, vous vous rendez compte que vos mensualités sont trop lourdes. Et surtout, que vous n'avez pas pensé aux frais entraînés par vos achats : le coût de l'assurance plus cher que celui de votre ancienne voiture ; le coût de la carte grise, également supérieur. Et l'ordinateur ! Il était bien sûr vendu avec des CD-Rom. Mais il en sort sans arrêt de nouveaux. On achète un ordinateur pour s'en servir, pour apprendre des choses. Et pour ça, on a besoin d'acheter ce qu'il y a de plus nouveau. Bref, on achète à crédit sans penser aux conséquences pour son budget. Et puis attention ! Êtes-vous bien sûr de garder votre emploi ? Qui vous dit que dans trois mois, dans six mois, vous ne serez pas au chômage ? Est-ce qu'on pense toujours à ça ? Et si vous êtes au chômage, même avec les ASSEDIC, vos revenus diminueront d'environ 30 %. Alors, bien sûr, vous avez un ordinateur, vous avez une nouvelle voiture… Mais vous ne prenez plus votre café du matin au café du coin ; vous n'achetez plus votre journal quotidien… Et votre voiture, vous ne vous en servez plus, pour ne pas consommer d'essence ! Quant à l'ordinateur, les enfants l'utilisent de moins en moins, parce que vous n'achetez plus de nouveaux CD-Rom. Alors, est-ce qu'il ne vaut pas mieux garder son ancienne voiture et partir tous les dimanches en famille ? Est-ce que le bonheur, c'est posséder plus, ou vivre mieux ?

Unité 12

pages 120-121

• Oral

1

b) – Bien qu'on m'offre un cours, je n'ai pas envie d'apprendre une langue.
– Bien qu'il y ait un professeur, les élèves sont très libres.
– Bien que les cours soient rigoureux, ils sont motivants.

– Bien que la séance finisse très tard, je resterai jusqu'à la fin.
– Bien que ma femme apprenne très vite, elle a abandonné son cours de langue.
– Bien que nous ayons d'excellentes méthodes, cet élève ne s'intéresse à rien.

2

b) – À supposer qu'il soit sélectionné, il ne prendra pas le cadeau.
– À supposer que vous bénéficiiez d'un cours gratuit, vous n'apprendrez pas cette langue.
– À supposer que je veuille me perfectionner, je ne suivrai pas de cours.
– À supposer que nous nous installions dans ce quartier, nous n'habiterions pas dans cet immeuble.
– À supposer que tu t'inscrives dans ce cours d'espagnol, tu n'y consacreras pas 10 heures par semaine.
– À supposer qu'on choisisse cette méthode, on n'étudiera pas seul.
– À supposer qu'elle prenne des cours d'allemand, elle ne parlera pas bien à la fin de l'année.

3

b) – Non, ça m'étonnerait que ça leur convienne.
– Non, ça m'étonnerait qu'ils soient encore ouverts.
– Non, ça m'étonnerait qu'il l'obtienne.
– Non, ça m'étonnerait qu'on puisse.
– Non, ça m'étonnerait que vous soyez nombreux.
– Non, ça m'étonnerait qu'il fasse des progrès (/qu'il en fasse).
– Non, ça m'étonnerait qu'il y aille / qu'il aille étudier à Boston.
– Non, ça m'étonnerait qu'elle comprenne bien / qu'elle comprenne bien la radio anglaise.

pages 122-124

• Écrit

1

Apprentissage : s'initier, se perfectionner, apprendre, s'intéresser, étudier.
Communication : échanger, discuter, raconter, dire, parler, communiquer.

2

Méthode : motivant, adapté.
Élève : autonome, motivé, disponible.
Les deux : original, régulier, vivant, rigoureux, détendu.

3

– Même si l'anglais est la première langue étrangère en France, 63 % des Français ne peuvent pas le parler.
– Bien que les langues étrangères soient apprises dans les écoles, les jeunes trouvent difficile d'échanger avec les étrangers.
– En Europe, on étudie plusieurs langues ; pourtant / cependant, on parle surtout l'anglais.
– Bien que cette école ait d'excellents professeurs, il y a moins d'élèves cette année.
– Ma sœur parle de mieux en mieux l'italien ; cependant / pourtant je ne la vois jamais travailler.
– À supposer que tu suives des cours par téléphone, il faudrait que tu apprennes la grammaire tout seul.
– Tu partiras faire un séjour linguistique en Angleterre malgré ta nouvelle envie d'étudier l'espagnol.
– Malgré des cours dynamiques, il ne peut pas toujours tenir une discussion en allemand !
– Cette méthode est très rigoureuse ; pourtant, j'ai l'impression de ne pas faire de progrès.
– Malgré sa motivation, il ne va pas assez régulièrement à ses cours.

4

– Ayant appris l'anglais aux États-Unis, je ne comprends pas bien les gens à Londres.
– Ayant bien réfléchi à ce poste à Paris, ils ont décidé de partir vivre en France.
– Ayant comparé plusieurs méthodes, elle a choisi de s'inscrire à un club de conversation en italien.
– Ayant passé son examen, elle a cherché un travail comme professeur de grec.
– S'étant perfectionné en allemand, il a accepté un poste de professeur de français à Berlin.
– Ayant fait de bonnes études en français et en histoire, tu as trouvé facilement un emploi de guide touristique.
– Ayant entendu parler de cette école, j'y ai inscrit mon fils.

5

– À supposer que Sophie obtienne son bac, elle ne pourra pas suivre ces cours.

– Même si mes parents avaient entendu parler de cette école, ils ne pourraient pas payer les frais de scolarité.
– Quand bien même Pierre partirait étudier aux États-Unis, il ne vivrait pas là-bas.
– À supposer que Juan demande la nationalité française, il rentrerait en Espagne.
– À supposer que tu parles couramment l'italien, on ne te prendrait pas pour une Italienne.
– Quand bien même vous prendriez des cours d'allemand, vous ne comprendriez pas tout comme mon ami de Berlin.

6

Productions possibles :
• *Langues plus* à Paris propose des cours de français toute l'année pour des particuliers et pour des professionnels. L'enseignement y est actif et moderne (cassette vidéo, cederoms, internet) et les prix sont adaptés aux besoins de chacun. Cette école prépare aussi à des examens de français.

• *Interlangue-Paris* donne des cours de langues en leçons particulières ou en petits groupes. Cette école propose des formules très souples, à des prix intéressants. La réputation de cette école est basée sur des enseignants très qualifiés et sur des méthodes performantes d'apprentissage.

• *Rennes langues* donne des cours de français à des adultes pendant les vacances d'été. Deux possibilités sont proposées : au campus, il est possible de prendre des cours et d'avoir des activités sportives ou culturelles le reste du temps ; vous pouvez également être hébergé dans la famille de votre professeurs, ce qui vous permettra de partager la vie quotidienne des Français.

pages 125-127

• **Compétences**

Oral

3

Regret : 1, 4, 6, 8.
Exaspération : 2, 3, 5, 7.

4

a)

	Langado	*Polyglotte*
Produit proposé	Séjours linguistiques	Revue en langues étrangères
Public visé	13-15 ans	Professionnels et étudiants
Offre promotionnelle	Réduction Expolangues 5 %	Un numéro gratuit, un jeu-concours pour gagner un week-end en France
Localisation	Allée F, stand 25	Allée C, stand 23

b) 1. L'Angleterre, l'Espagne, l'Allemagne. **2.** Ils sont accueillis dans des familles. **3.** Il y a des cours le matin et du sport l'après-midi. **4.** En anglais, en espagnol, en allemand et en italien. **5.** En allant au stand C allée 23 pour s'abonner. **6.** Un week-end à Florence pour deux personnes. **c) 1.** Elle se trouve au centre de Paris. **2.** Les professeurs sont dynamiques et très qualifiés. **3.** Les méthodes sont actives et motivantes. **4.** Le stand se trouve en allée 7G. **5.** Un cadeau attend les visiteurs : un mini-guide de Paris.

Écrit

1

a) Parce qu'on enseigne surtout la langue écrite et parce qu'ils ont peu de cours de conversation. Enfin, les enseignants sont plus formés à transmettre la langue écrite. **b)** L'anglais. **c)** Le français, l'allemand et l'espagnol. **d)** Le français a la réputation d'être difficile, alors il est en recul par rapport à l'anglais. **e)** Dans les pays nordiques. **f)** Entre 8 et 10 ans. **g)** Non, on peut aussi apprendre les langues grâce aux chaînes de télévision étrangères.
h) transmettre / enseigner
rougir / être gêné
décortiquer / étudier, analyser
démarrer / commencer
se concrétiser / se réaliser
préconiser / défendre, mettre en avant
i) 1. justifiées. **2.** très mauvais. **3.** correct. **4.** peu parlées. **5.** il donne des résultats positifs. **6.** réduite. **7.** à des enfants jeunes.
j) 1. Il y a de grandes différences. **2.** On fait un travail pour mettre tout le monde au même niveau. **3.** Il est beaucoup moins enseigné. **4.** L'Europe est en bonne position.

2

Texte possible :
Bien sûr, ça sert partout : dans les pays anglophones, naturellement, en Grande-Bretagne, aux États-Unis, ou en Australie, où les habitants seraient bien étonnés que vous ne connaissiez pas leur langue ! Aujourd'hui, celui qui ne parle pas l'anglais est considéré comme un individu bizarre. Ailleurs, avec l'anglais, vous arrivez toujours à vous débrouiller : pour acheter un cadeau, demander votre direction, demander l'heure, dire que vous avez mal quelque part, en général, on vous comprend. Et puis, si vous travaillez dans le milieu des affaires, c'est nécessaire. Les entreprises négocient en anglais, recrutent en anglais. Du moins, c'est ce qu'on dit. Pourtant, même si vous parlez bien l'anglais,

dans un pays étranger, on ne vous comprend pas toujours. L'accent anglais d'un Égyptien ou d'un Danois n'est pas le même, à supposer d'ailleurs que tous parlent anglais. Et puis, dans les entreprises, si on veut établir une communication moins superficielle, il vaut mieux que chacun connaisse la langue de l'autre. La communication commerciale, ce n'est pas qu'une affaire de chiffres, c'est aussi une affaire de culture. La culture justement : bien sûr, aujourd'hui, on fait des études pour trouver un métier ; ce qui compte, c'est l'efficacité. Pourtant, il n'y a pas que le travail dans la vie. Il y a les loisirs, le théâtre, le cinéma, l'ouverture aux autres. Et justement, pour cela, les langues, c'est nécessaire.

Bilan 4

pages 128-133

- **Vous connaissez**

1

1 • En participant au Téléthon, vous aiderez la recherche médicale. **2 •** En versant un acompte, tu confirmeras ta commande. **3 •** En étudiant une deuxième langue étrangère, vous augmentez vos chances de travailler dans le tourisme. **4 •** En arrêtant de fumer, ta mère se sentirait mieux. **5 •** En achetant cet ordinateur en promotion, vous ferez une bonne affaire ! **6 •** En passant nos vacances à Séville, nous parlerions mieux l'espagnol ! **7 •** En envoyant vos dons à Médecins Sans Frontières, vous soignerez des malades.

2

a) 1 • Souhaitant m'inscrire dans cette école de langue, j'ai demandé des informations sur l'organisation des cours. **2 •** Cette publicité proposant des télévisions à des prix très intéressants, je vous conseille d'aller dans ce supermarché. **3 •** Le vendeur ne pouvant pas me renseigner, il m'indique un responsable. **4 •** Les soldes commençant la semaine prochaine, j'attends un peu pour acheter un manteau. **5 •** Ne trouvant pas les pulls proposés sur l'affiche publicitaire, ma mère demande à parler au directeur du magasin. **6 •** Votre restaurant n'ayant pas d'espace non-fumeur, je refuse de dîner ici !
b) 1 • Nos amis ayant vécu au Québec plusieurs années, nous y sommes allés trois fois. **2 •** M. Dubois s'étant inscrit dans un cours d'allemand, il a fait des progrès spectaculaires. **3 •** La période des inscriptions étant terminée, vous devrez attendre l'année prochaine pour

suivre des cours. 4 • Les parents de Joseph ayant acheté une grande maison, les enfants y passent un mois l'été. 5 • Sa sœur ayant arrêté de fumer, elle a un peu grossi. 6 • Le fils de M. Lefort ayant été gravement malade, toute la famille est partie vivre à la campagne.

• **Vous savez**

1

a) 1 • Ce magasin faisant actuellement de grosses promotions… Comme ce magasin fait actuellement de grosses promotions… Parce que ce magasin fait actuellement de grosses promotions, les employés ont des journées de travail chargées. 2 • À cause du bruit des voitures, on n'entend pas les oiseaux chanter dans les villes. 3 • Ayant consulté un médecin… Comme il a consulté un médecin, il se sent moins stressé. 4 • Pierre s'est fâché parce que sa fille s'est remise à fumer. Sa fille s'étant remise à fumer, Pierre s'est fâché. 5 • Cette région étant très polluée… Comme cette région est très polluée, certaines plantes disparaissent.

b) *Phrases possibles* :
1 • Comme il fallait attendre trois mois, elle a annulé sa commande. 2 • Elle a retrouvé sa forme habituelle grâce à un régime. 3 • À cause de la pollution, ils ont l'intention de quitter Paris. 4 • Nous allons rouler prudemment en raison de la circulation. 5 • Je refuse d'annuler mes vacances en Guadeloupe, sous prétexte que tu ne peux pas venir !

2

1 • Il n'avait pas vérifié l'état de sa voiture, si bien qu'il a eu une amende / donc il a eu une amende. 2 • Son pot d'échappement était en mauvais état, si bien qu'il a dû le faire changer / il a donc dû le faire changer / c'est pourquoi il a dû le faire changer. 3 • Ils ont installé des panneaux d'information, si bien que les visiteurs se perdent moins dans l'île / les visiteurs se perdent donc moins dans l'île. 4 • J'ai pris des cours d'anglais régulièrement, je suis donc capable de suivre une conversation courante / si bien que je suis capable de suivre une conversation courante. 5 • Elle a décidé de maigrir / elle a donc pris un rendez-vous avec un diététicien / si bien qu'elle a pris un rendez-vous avec un diététicien.

3 *Phrases possibles* :
1 • Vous avez bénéficié de tarifs intéressants pour suivre des cours ? 2 • Ils ont choisi cette formule de cours par téléphone afin que les horaires

soient plus souples. 3 • De manière à suivre un traitement, elle a fait un séjour dans ce centre médical. 4 • Pour qu'elles poussent mieux, ils devraient protéger leurs plantes du froid. 5 • De façon à dépenser moins, nous devrions profiter de cette promotion.

4

a) 1 • Bien que nous ne fumions plus depuis dix ans, l'envie de cigarette est présente. 2 • Même si vous achetez des articles en promotion, vous dépensez toujours plus que prévu. 3 • À supposer que tu prennes des vacances cette année, je ne suis pas certaine de vouloir partir avec toi. 4 • Elle a beaucoup maigri ces derniers mois, pourtant elle est en bonne santé. 5 • Malgré la pollution et le bruit, ils préfèrent garder leur appartement dans le centre.

b) *Phrases possibles* :
1 • À supposer que tu veuilles suivre des cours, tu peux demander les tarifs de cette école. 2 • Elles ne changeraient pas d'avis, même si elles avaient des problèmes. 3 • Quand bien même je le voudrais, je sais que ce serait très difficile pour moi. 4 • Même si nous ne suivons pas de cours, nous pourrions passer un test. 5 • À supposer que tu aies raison, elle n'accepterait jamais de suivre tes conseils. 6 • Tu continuerais de fumer même si le médecin te demandait d'arrêter. 7 • Quand bien même tu le demanderais tu n'obtiendrais pas ce poste à Oslo.

• **Test**

Écrit

a) « Avec <u>vous</u>, ce droit <u>va</u> <u>devenir</u> une réalité… <u>Vous</u> aidez, … <u>Vous</u> offrez, <u>vous</u> suivez, <u>vous</u> apprendrez… <u>Vous</u> avez <u>donc</u> l'assurance ; … 85 % sont <u>directement</u> … <u>Alors</u>, <u>rejoignez</u>, … oui, je souhaite… avec la photo de **mon** filleul.

b) Cette association a pour but de scolariser des enfants de pays en voie de développement. Elle construit des écoles, formes des instituteurs, achète du matériel scolaire.

c) *Phrases possibles* :
Si vous parrainez la scolarité d'un enfant, vous aidez à la construction d'écoles.
– Grâce à des correspondances régulières.
– Le prix Cristal a été donné à Aide et Action parce que cette association est reconnue pour son honnêteté.
– Tous les enfants doivent pouvoir aller à l'école. Grâce à vous, ce sera possible.

a) *Phrases vraies* :
1 • Ce type de magasins vient d'Australie. 3 • On peut vendre et acheter du matériel d'occasion dans ces deux magasins. 4 • Tous les articles vendus sont en bon état. 8 • On est payé en argent liquide. 9 • Chez Cash Converters, il est possible de payer à crédit. 10 • Il existe de nombreux magasins Cash Converters en France.

Production possible :
Monsieur,
J'ai acheté dans votre magasin un ordinateur le mois dernier. Or, j'ai perdu la notice que vous m'aviez donnée et j'ai donc des difficultés à l'utiliser. Pourriez-vous, s'il vous plaît, m'indiquer la façon dont je pourrais me procurer une nouvelle notice. L'appareil que j'ai acheté est un Macintosh. Par ailleurs, j'aimerais que vous m'indiquiez les conditions de la garantie.
Je vous remercie à l'avance et vous prie d'agréer, Monsieur, l'expression de ma considération.

TRANSCRIPTION DES ENREGISTREMENTS

Unité 1

page 13

Écouter et parler

1 Écoutez et lisez ces phrases.
Imitez les intonations.
– Tiens, il y a eu un accident place de la mairie !
– Heureusement, ce n'était rien.
– Tiens donc, tu déjeunes ici ?
– Ouf, le film n'est pas commencé !
– On a acheté les cadeaux de Noël, je me sens mieux !
– Sophie dort chez sa sœur. J'aime mieux ça !
– Tu as perdu au moins trois kilos, je n'en reviens pas ! Comment tu as fait ?
– Ça alors, on est dans le même hôtel !
– Quelle surprise, je te croyais à Rome !
– On va tous dîner au restaurant, j'aime mieux ça !

2 Écoutez et cochez la case correspondant au sentiment exprimé.
1. Ça alors, qu'est-ce que tu fais ici ?
2. Pierre vient de rentrer, je me sens mieux !
3. Vous aussi, vous travaillez dans le quartier ? Je n'en reviens pas !
4. Ouf, j'ai vraiment cru qu'il allait pleuvoir pour le pique-nique !
5. Il a eu un petit accident de vélo mais heureusement, ce n'est pas grave !
6. Ouf, elle a réussi son bac !
7. Heureusement il n'y a pas trop de monde sur la route !
8. Tiens donc ! Pour une fois tu arrives à l'heure !
9. Tiens, j'ai la même robe que toi !
10. Vous avez acheté une voiture japonaise ? Je n'en reviens pas !

Écouter

3

Signalement
On recherche Claude Vasseur. Elle est de taille moyenne, brune et plutôt jolie : elle a de grands yeux et son visage est allongé. Ses cheveux sont assez courts et légèrement frisés. Elle doit avoir une quarantaine d'années. Elle porte souvent un tailleur sombre. Ses amies sont inquiètes : il y a trois jours qu'elle n'est pas allée travailler et elle n'est pas chez elle. Si vous la voyez, téléphonez au commissariat du 11e. Voici le numéro : 01 43 87 04 28.

4

Fait divers
Vers 1 h 30 du matin, dans la nuit de jeudi à vendredi dernier, deux étudiants en médecine, Baptiste Dufour et Michel Vial, ont eu un accident de voiture place de la Cathédrale à Chartres : à cause de la pluie, leur voiture est sortie de l'avenue et leur véhicule est allé heurter le monument aux morts. On les a conduits à l'hôpital où ils ont passé la nuit. Heureusement, ils n'avaient rien de grave et ils sont rentrés chez eux dans la journée de vendredi.

Unité 2

page 21

Écouter et parler

1 Écoutez et imitez ces intonations.
Le doute
– Tu crois vraiment qu'il faut faire comme ça ?
– Vous êtes sûrs qu'il va gagner ?
– Elle est bien sûre d'elle ?
– C'est vrai, ce cheval a déjà gagné ?
– Il se pose des questions !

La certitude
– Il sait ce qu'il fait.
– Écoute-le, il connaît bien ce cheval.
– Je savais bien qu'ils allaient gagner le match !
– On va jouer ensemble, tu verras, ça va bien se passer !
– Je parie 70 euros, je connais bien cette équipe !

2 Écoutez ces phrases et mettez une croix dans la bonne colonne.
1. Vous croyez vraiment qu'il va gagner ?
2. Moi, je me le demande !
3. Je suis absolument sûr de moi.
4. Elle n'a pas l'air d'aller très bien !
5. Lui, c'est un grand footballeur ?
6. Je t'assure, il a gagné plusieurs matchs !
7. Tu joues 300 euros sur ce cheval ! Vraiment ?
8. Je sais ce que je fais !
9. Je veux bien te croire, mais… !
10. Je savais bien qu'il allait gagner !

3
Résultats

Dimanche 29 mars, à Key Biscayne aux États-Unis, l'Américain André Agassi a affronté le Chilien Marcelo Rios. Derrière ces deux hommes, les deux Amériques s'affrontent. Agassi a l'habitude des grands tournois, Rios est rusé et provocateur. Le tournoi s'est joué rapidement : en moins de deux heures, Marcelo Rios a battu Agassi. En trois sets, 7-5, 6-3, 6-4, son rêve s'est réalisé. Le jeune Chilien âgé de 23 ans est devenu numéro 1 mondial.

Chez les dames, Venus Williams a connu le plus beau jour de sa vie. Cette jeune Américaine de 17 ans a battu la Russe Ana Kournikova 2-6, 6-4, 6-1. Venus veut aller plus loin : elle espère un jour battre Martina Hingis, première joueuse mondiale en ce moment.

4
Rendez-vous sportifs

Enregistrement n° 1 :

Et voici maintenant nos rendez-vous sportifs. Le club de marche de Molière organise une grande randonnée de 15 kilomètres, vendredi 26 octobre, vers Castelnau. Le départ aura lieu de la gare de Molière à 13 h 30. Il sera également possible de rejoindre les marcheurs à 14 h 15 devant l'église de La Pérouse. Amis randonneurs, notez bien ce rendez-vous, ce sera le dernier de la saison.

Enregistrement n° 2 :

C'est au Palais des Sports de Paris-Bercy qu'auront lieu samedi prochain, 1er avril à 14 h 30, les huitièmes Internationaux de France de gymnastique. De grands sportifs y participeront, pour le plus grand plaisir des spectateurs. Vous pouvez acheter vos places à l'avance auprès des clubs de gymnastique. Elles sont proposées aux prix de 23 et 30 €, tarif réduit pour les moins de 18 ans. Vous pouvez également les réserver par Minitel en tapant le 3615 IFG. N'attendez pas, plus vite vous réservez, meilleures seront vos places !

Écouter et parler

1 Écoutez et imitez ces intonations.
La déception
– Je me suis ennuyé hier soir au théâtre !
– La pièce n'apportait rien.
– Je savais bien… Je ne voulais pas voir ce film.
– La mise en scène est mauvaise, les comédiens jouent mal. La pièce ne vaut rien.
– C'est ennuyeux, c'est mal joué et l'histoire est complètement nulle !

L'enthousiasme
– La pièce était vraiment excellente !
– On a adoré le concert : les musiciens étaient remarquables !
– Oh, vous n'avez pas vu ce film ? Il faut absolument le voir. C'est magnifique.
– C'est une pièce drôle, intelligente ; allez-y, vous allez adorer.
– C'est un très bon dessin animé, l'histoire est bien menée et la musique est superbe !

2 Écoutez ces phrases et mettez une croix dans la colonne correspondante.
1. C'était super, il faut absolument que tu ailles voir cette pièce !
2. Oh, les acteurs jouent bien, mais le film n'est pas terrible quand même !
3. N'allez pas voir cette pièce : c'est complètement nul !
4. On a passé une très bonne soirée, le film était drôle et intelligent.
5. C'est une bonne comédie. Allez-y !
6. C'était un concert exceptionnel ! Et le pianiste était merveilleux !
7. Moi, je n'ai pas beaucoup aimé, et Jacques s'est endormi au bout de 10 minutes.
8. La mise en scène est très moderne mais l'histoire est pauvre. On s'est vraiment ennuyés !
9. Pierre a détesté ce concert. Je crois qu'il ne voudra plus m'accompagner !
10. C'est une excellente comédie. Il faut absolument y aller mais dépêchez-vous !

3

Points de vue de spectateurs

Deux amies, Brigitte et Véronique, parlent des derniers spectacles qu'elles ont vus.

– Alors, Brigitte, *L'Atelier*, c'était comment ?
– Super ! Tu sais, Grumberg a mis cinq ans à écrire la pièce, et le texte est vraiment très riche. Et puis, la mise en scène est excellente, les acteurs jouent très bien. C'est vraiment une bonne pièce ! Le comédien qui joue le patron polonais est remarquable. Tu connais l'histoire, non ? Eh bien, même si le sujet est grave, il y a de l'humour. Il y a des moments où tout le monde rit ! Non, vraiment on a passé une excellente soirée. Tu devrais aller voir cette pièce. Elle passe au théâtre Hébertot jusqu'au mois de février. Mais il faut réserver les places 14 jours à l'avance en allant au théâtre ou par téléphone et il y a beaucoup de monde. Et toi, tu es allée au concert de Jacques Higelin, non ? Ce devait être très bien, j'imagine !
– Eh bien, écoute, non ! Pourtant, on adore Higelin ! Mais samedi dernier, je ne sais pas ce qu'il avait mais il n'était vraiment pas en forme ! La salle était magnifique, c'était à la Cité de la Musique, et le public super, mais on a trouvé le concert très décevant ! Pourtant d'habitude, ses concerts sont parfaits, eh bien hier soir, on l'a trouvé mauvais et triste, très loin du public. Il a même arrêté de chanter deux chansons en plein milieu, il n'avait aucun enthousiasme. Il n'a même pas présenté ses musiciens qui étaient pourtant excellents. Et à la fin du spectacle, il a à peine salué le public avant de partir. Non, vraiment on a été très déçus !

4

Proposition de soirée

Deux amies discutent à l'heure du déjeuner.

Sophie : – Ça te dirait d'aller au cinéma demain soir ? Près de chez moi, on passe le dernier film d'Almodovar, *Tout sur ma mère*.

Clara : – Tu crois que c'est un bon film ? Je n'en ai pas entendu parler.

Sophie : – On m'a dit que c'était une belle histoire un peu triste. L'actrice principale est magnifique dans son rôle de mère et le film est bien construit, très émouvant.

Clara : – Moi, tu sais, si c'est trop triste…

Sophie : – Non, mais je t'assure, les critiques sont très bonnes et le sujet est prenant, traité avec humour.

Clara : – Bon, d'accord. Demain soir, tu dis… On se retrouve où et à quelle heure ?

Sophie : – La séance est à 21 heures. Si tu veux, on se retrouve à 20 h 30 à la station de métro Pasteur, le cinéma est juste à côté. On aura même le temps de prendre un verre avant le film.

Clara : – Ça marche. À demain !

Bilan 1

pages 32-39

• Vous savez...

1

Comprendre et faire une description

La pharmacienne et ses employés

Mme Durand est pharmacienne. Elle a trois employés : Bernadette est petite et un peu ronde ; elle a une quarantaine d'années. Elle a un visage rond, des yeux noirs, très vifs. Elle a des cheveux bruns, assez courts. Sabine est un peu plus jeune. Elle est de taille moyenne et mince. Elle a des cheveux blonds mi-longs. Elle porte toujours de grandes boucles d'oreilles. Son visage est ovale et elle a de grands yeux marron. Elle n'est pas très jolie mais elle a un certain charme. Dominique est beaucoup plus jeune que ses deux collègues. Il est un peu roux et il a les cheveux très courts. Il a de jolis yeux verts. Il est de grande taille, très mince et son visage est long. Tous les trois sont très aimables avec les clients de la pharmacie car Mme Durand veut absolument que ses employés soient souriants. Ils doivent porter une blouse blanche par-dessus leurs vêtements pour travailler.

2

Comprendre et raconter un fait divers

Le voleur inconnu oublie sa carte d'identité !

Âgé de 27 ans, Francky a déjà participé à plusieurs cambriolages dont six vols dans des bureaux de poste, des banques et dans des pharmacies du quartier Saint-Germain, à Paris. La dernière fois, avant de sortir de la pharmacie où il avait pris l'argent de la caisse, il a emmené une cliente avec lui pour protéger sa fuite ! La cliente, morte de peur, a heureusement pu rentrer chez elle sans problème. Tous les policiers étaient à la recherche du voleur, et plusieurs témoins l'avaient vu : il portait toujours le même T-shirt, ce qui n'était pas très intelligent de sa part ! De plus, à la suite du cambriolage dans la pharmacie, il a couru jusqu'à la gare

Montparnasse où il a perdu sa carte d'identité. Un voyageur l'a donnée à un policier... Francky a été aussitôt arrêté et il est aujourd'hui en prison où il restera pendant au moins six mois.

3

Comprendre des résultats sportifs et présenter une manifestation sportive qui va se dérouler

Match de rugby

Le 9 janvier à Belfast en Irlande, les Irlandais du Nord ont battu l'équipe de rugby du Stade Français par 33 à 27. C'était le match de demi-finale pour la Coupe d'Europe de rugby. Pour la quatrième finale européenne de rugby qui aura lieu le 30 janvier à Dublin, en Irlande, les Irlandais rencontreront une autre équipe française : Colomiers. Plus de 60 000 spectateurs sont attendus !

Tournoi de tennis

Le tournoi de tennis de Monte-Carlo, en France, s'est terminé dimanche 26 avril. Ce jour-là, la finale a opposé le Français Cédric Pioline et l'Espagnol Carlos Moya. Cédric Pioline n'a vraiment pas eu de chance. Gêné par une douleur au bras droit, il a été facilement battu par son adversaire. Ils ont joué pendant 1 h et 56 minutes et ont obtenu les scores suivants : 6-3, 6-0 et 7-5. La veille, Cédric Pioline avait battu l'Espagnol Alberto Berasategui en demi-finale, au cours d'un match difficile. Dimanche, il paraissait très fatigué et des médecins ont dû soigner son bras à plusieurs reprises.

4

Comprendre et exprimer votre accord ou votre désaccord

Première personne :
Moi, je suis sûr que l'équipe d'Auxerre va perdre le match. Les joueurs ont l'air fatigué. Tu vois, moi, je ne leur fais pas confiance.

Deuxième personne :
C'est vrai, tu avais raison, c'est Vert Galant qui a gagné ! Heureusement que j'ai suivi ton conseil !

Troisième personne :
Non, moi non plus je n'ai pas très envie de sortir ce soir. On pourrait regarder ce qu'il y a à la télé !

Quatrième personne :
Tu crois vraiment qu'on va voir cette pièce ? J'ai un peu peur de m'ennuyer. D'ailleurs, j'ai lu une critique qui n'était pas très bonne !

Cinquième personne :
Mais si, je t'assure, on va passer une bonne soirée. Les acteurs sont excellents ! Allez, fais-moi confiance !

Sixième personne :
Vous savez, j'ai vu le film que vous m'aviez conseillé. C'est vrai que les paysages sont magnifiques... et l'actrice est formidable. Merci encore et conseillez-moi d'autres films !

Septième personne :
Je suis tout à fait d'accord avec vous, Marco a très mal joué ! Je ne comprends pas pourquoi !

Unité 4

page 45

page 45

Écouter et parler

1 Écoutez et imitez ces intonations.
Formuler poliment une demande / Répondre favorablement à une demande
– Pourriez-vous me donner un stylo, s'il vous plaît ?
– Volontiers, tenez !

– Accepteriez-vous de prendre un taxi pour rentrer ?
– Naturellement, je téléphone tout de suite.

– Auriez-vous la gentillesse de porter ma valise ?
– Bien sûr, donnez-la-moi !

2 Écoutez et imitez ces intonations.
Exprimer une préférence
– J'aime bien ce restaurant, mais ce soir, j'aimerais mieux changer !
– Le cinéma, c'est très bien, mais pour mon anniversaire, je préférerais aller au théâtre !
– Ce vin blanc est excellent mais le champagne est meilleur !
– On aime bien la montagne mais les vacances à la mer, c'est quand même mieux !

3 Écoutez et imitez ces intonations.
Exprimer un conseil
– Il vaut mieux téléphoner avant de passer chez Pierre !
– Il faudrait que tu suives un régime !
– À ta place, j'irais voir un médecin.
– Tu pourrais t'inscrire dans un club de gym !
– Tu ferais bien de boire moins d'alcool !
– Il vaudrait mieux que tu changes tes habitudes.
– Tu devrais faire plus attention à toi !

4

1. Ce serait bien que tu appelles Louise !
2. Pourrais-tu me donner son numéro de téléphone ?
3. Bien sûr, c'est le 01 86 49 32 10.
4. Il faut marcher plus vite, nous sommes en retard !
5. J'aimerais mieux qu'on prenne le métro, j'ai mal aux pieds !
6. Naturellement, tu as raison, je n'y avais pas pensé !
7. Aimerais-tu qu'on parte quelques jours à la montagne ?
8. Avec plaisir, j'adore la montagne en hiver ! Mais il faudrait vite réserver un hôtel.

Écouter

5

Les conseils d'un diététicien

– Madame Leroi, vous vous sentirez mieux si vous changez vos habitudes alimentaires. Tout d'abord, il faudrait que vous mangiez de tout mais avec modération. Ensuite, vous devriez mieux répartir vos apports caloriques nécessaires pour la journée : 25 % le matin, 45 % pour le déjeuner et 35 % le soir. À votre place, pour commencer la journée, je prendrais un petit déjeuner plus complet.
– Bien, mais vous savez, le matin, je n'ai vraiment pas faim !
– Vous verrez, bientôt, vous ne pourrez plus commencer la journée sans un petit déjeuner complet ! Bon, alors, en règle générale, il faut équilibrer votre alimentation ; chaque jour, il est important que vous mangiez un plat de viande ou de poisson avec des légumes, un produit laitier et un fruit à chaque repas, des féculents (du riz, des pâtes ou des pommes de terre une fois par jour), un peu de pain et quelques produits sucrés.
– Tout ça ? Mais je ne mange jamais autant !
– Oui, mais attention, il est important que vous évitiez les matières grasses. Certains corps gras, comme l'huile ou la mayonnaise, doivent être consommés en très petite quantité. Enfin, ne mettez pas trop de sel dans vos plats, c'est très mauvais pour le cœur !
– Mais alors mes repas vont me sembler très tristes !
– Pas du tout : vous allez découvrir les repas plaisir avec des épices et des saveurs nouvelles. Préparez de jolis plats, riches en couleurs. Prenez vos repas dans le calme, détendez-vous et faites-vous plaisir.

– Tout cela me paraît bien compliqué. Et pour la boisson ?
– Vous feriez mieux de boire beaucoup d'eau, plus d'un litre par jour. Vous pouvez tout de même boire un verre de vin à chaque repas. Mais surtout pas d'alcool ! Voilà, madame Leroi, suivez bien mes conseils et revenez me voir dans trois mois. N'hésitez pas à me téléphoner en cas de problèmes.
– Merci, monsieur.

6

Les goûts de la famille de Florence

Florence, 27 ans, mère au foyer

J'adore les gâteaux, les sucreries, alors avec les enfants, c'est difficile de résister ! À la maison, nous avons une alimentation variée et équilibrée. Le matin, nous prenons en famille un solide petit déjeuner : un verre de jus de fruits, des tartines beurrées avec de la confiture, les enfants boivent beaucoup de lait et je prends un yaourt. Nous préférons le thé au café, c'est plus digeste. À midi, les enfants déjeunent à la cantine et mon mari prend son déjeuner à l'extérieur. Je grignote des crudités et du jambon ou un morceau de fromage.

Lorsque les enfants rentrent de l'école, ils se jettent sur le goûter et moi avec ! Ce n'est pas raisonnable mais j'aime bien prendre un biscuit en même temps qu'eux !

Le soir, je prépare un repas avec des légumes frais, je n'achète pas de produits surgelés ni de conserves. Je les sers avec du poisson, même si les enfants n'en sont pas fous, ou une viande grillée. Je ne fais pas de plats en sauce, c'est trop gras et lourd pour le soir. Nous finissons toujours le dîner par du fromage et un fruit. Je pense que les fruits, comme les légumes, sont très importants pour la santé et les enfants en redemandent toujours ! Et en plus, c'est bon.

Unité 5

page 53

Écouter et parler

1 Écoutez et imitez.
Exprimer une inquiétude
– Je suis ennuyée, ce pull ne me va pas.
– J'ai un problème, ma voiture est en panne !

– Je suis inquiet, ma fille n'est pas encore rentrée.
– Je me demande pourquoi il ne téléphone pas.
– Ils ont peut-être oublié notre rendez-vous.
– Je ne comprends pas pourquoi mon portable ne marche pas.
– Je crois que j'ai cassé mon bracelet.

Rassurer

– Aucun problème, vous pouvez le changer.
– Ne vous inquiétez pas, je connais un bon garagiste.
– Ne t'en fais pas, elle va arriver. J'en suis sûr !
– Ce n'est rien, je vais m'en occuper.
– Mais non, voyons, ils vont venir.
– Ce n'est sûrement pas grand-chose. J'ai l'habitude !
– Laisse-moi regarder… ce n'est rien du tout !

2 Écoutez et mettez une croix dans la bonne case.

1. Ne t'en fais pas pour ton examen, ça va bien se passer.
2. Je ne retrouve pas mes clés, je crois bien que je les ai perdues !
3. Ces chaussures sont trop petites, j'ai bien peur de ne pas pouvoir les changer !
4. Mais non, voyons, on te le dirait si c'était grave.
5. Ne t'inquiète pas, ce n'est rien. Je vais regarder ça.
6. Je suis ennuyée, j'ai cassé ton stylo !
7. Ça ne fait rien, il était vieux.
8. Ils ne sont pas là. Je suis sûre qu'ils ont eu un problème.

Écouter

3

Choisir un vêtement

– Regarde, Valérie, comment tu trouves ce pantalon ?
– Oui, il n'est pas mal mais tu devrais l'essayer.
– Tu as raison… Alors, qu'est-ce que tu en penses ? Il n'est pas un peu trop petit ?
– Non, il te va très bien, c'est exactement ta taille.
– Tu es sûre, je ne suis pas grosse dedans ? Ce n'est pas ridicule pour mon âge ?
– Écoute, il est fait pour toi. Et il va très bien avec ton pull !
– C'est vrai ? Tu ne dis pas ça pour me faire plaisir ?
– Fais-moi confiance et prends-le, tu es superbe. Et en plus, il n'est vraiment pas cher !
– Bon, si tu me le dis… Alors je le prends.

4

Quel genre de vêtements aimez-vous pour les hommes ?

– J'aime le style naturel, les vêtements simples. Je trouve que les pantalons en velours et les pulls vont très bien à mon mari. J'adore quand il porte ces vêtements le week-end. Malheureusement, pour aller travailler, il est obligé de porter le traditionnel costume gris ou noir, avec une chemise claire. Mais il ne porte pas de cravate. Et encore moins de nœud papillon, j'ai horreur de ça !
– Et quelles couleurs porte-t-il le plus souvent ?
– Il porte des gris, des bruns et des verts. Il est quand même assez classique dans ses goûts !

5

Suivre ou ne pas suivre la mode

Amélie, 21 ans

Moi, j'adore la mode ; c'est super, à chaque saison, elle change : une fois c'est long, une fois c'est court ; alors ça permet de changer. J'achète des magazines féminins pour connaître les nouvelles tendances. Et puis, je vais dans les grands magasins, comme ça, je vois les nouveautés, et je peux même les essayer. J'adore essayer les chaussures et les vêtements mais comme je n'ai pas beaucoup d'argent, je n'en achète malheureusement pas souvent !

Catherine, 37 ans

La mode, ça ne m'intéresse pas beaucoup, d'ailleurs je ne la suis pas. D'abord, c'est très cher de s'habiller à la mode. Et puis de toute façon, je déteste être habillée comme tout le monde. Je trouve ça ridicule toutes ces femmes habillées en gris cet hiver. Il n'y a aucune originalité. Non, vraiment, je suis contre la mode et ses diktats ! Je préfère m'habiller comme je veux, en suivant mon humeur et ma personnalité !

Unité 6

page 61

Écouter et parler

1 Écoutez et imitez.
Se plaindre
– Je ne suis vraiment pas satisfaite de mon assurance.

- Ça ne se passera pas comme ça. Je vais me plaindre.
- C'est incroyable, je vais porter plainte contre vous.
- Ça ne va pas du tout ! Je suis très mécontent de ce travail.
- Je suis très déçu par ce qui se passe.
- Je ne suis pas du tout d'accord avec ce contrat.
- Ce n'est absolument pas ce que j'attendais. Je ne suis pas satisfait par le résultat.

2 Écoutez et imitez.
Mettre en confiance
- Allez, dites-moi ce qui ne va pas.
- Je sens que vous avez un problème ; racontez-moi tout.
- Croyez-moi, suivez ce conseil !
- Vous pouvez me faire confiance.
- Vous savez, je suis passé par les mêmes moments, alors !
- Je suis certaine de pouvoir vous aider.
- Oh, ça n'a pas l'air d'aller ! Qu'est-ce qui vous arrive ?
- Vous savez, ça fait du bien de parler !
- Allez-y, n'ayez pas peur !

3 Écoutez et mettez une croix dans la case correspondante.
1. Regarde ma tête ! Je ne suis pas du tout contente de ma coiffeuse !
2. C'est incroyable ! Je vais porter plainte contre le patron de l'hôtel !
3. Allez, calme-toi, réfléchis et tu verras demain !
4. Je suis très déçue par Valérie, je ne la croyais pas comme ça !
5. Tu sais, tu peux tout me raconter, je ne dirai rien à personne !
6. Je ne suis vraiment pas satisfaite de ce pull ; je vais le changer.
7. Attends, ça va s'arranger. Allez, dis-moi tout !
8. Croyez-moi, tous les adolescents sont pareils ! Je les connais, vous savez ! Ça passera…

Écouter

4
Où aimeriez-vous vivre ?

François, 35 ans, employé

Moi, j'aime la nature et je l'ai toujours aimée. Quand j'étais enfant, j'habitais à Lille mais mon grand plaisir, c'était de passer les vacances dans la ferme de mes grands-parents, d'aller à la pêche, de faire du vélo au bord du canal… Eh bien aujourd'hui, j'habite toujours à Lille, dans un deux pièces, mais la ferme de mes grands-parents n'existe plus. Alors, le dimanche, je reste chez moi ; je ne sors pas de chez moi parce que je déteste marcher en ville. Si un jour je me marie et si j'ai des enfants, c'est sûr, je prendrai un emprunt à la banque où je travaille et j'achèterai une maison à la campagne, pas trop loin de Lille pour pouvoir aller travailler tous les matins. Mais je voudrais vraiment que mes enfants aient un grand jardin pour jouer, pour faire du vélo. C'est trop affreux de vivre dans un appartement quand on est petit !

5
Propriétaire ou locataire ?

Premier enregistrement :
- Pardon, monsieur, vous habitez dans le quartier ?
- Tout à fait.
- Je voudrais vous poser une question. C'est pour un sondage. Êtes-vous propriétaire ou locataire ?
- Propriétaire, bien sûr ! Vous savez, je ne suis pas assez riche pour louer un appartement. Avec ma femme et ma fille, nous habitons un beau deux pièces. Nous l'avons acheté il y a cinq ans.
- Excusez-moi, mais pourquoi dites-vous que vous n'êtes pas assez riche pour louer ?
- Eh bien voilà, j'ai un salaire moyen, je suis professeur et ma femme aussi. Notre appartement coûtait 53 000 €. Nous avons emprunté sur dix ans et nous payons chaque mois 900 € de remboursement.
- C'est beaucoup, non ?
- Oui, c'est aussi cher qu'un loyer, mais dans cinq ans, cet appartement sera à nous et nous pourrons le revendre pour en acheter un autre, plus grand ou plus agréable.
- Je comprends, merci monsieur et bonne journée !

Deuxième enregistrement :
- Pardon madame, je peux vous poser une question ? C'est pour un sondage. Êtes-vous propriétaire ou locataire de votre appartement ?
- Locataire.
- C'est un choix de votre part ?
- Absolument : vous savez, je vis seule et j'aime changer de lieu de vie et comme je n'ai pas de problèmes d'argent… Heureusement, je suis directrice artistique dans une agence de publicité et je gagne très bien ma vie alors je n'ai pas à compter ! Et puis je déteste m'occuper des histoires de banque. Non, louer un appartement, c'est beaucoup plus simple : je paie un loyer et je ne m'occupe de rien d'autre ! Et quand j'aurai envie de changer de quartier, je chercherai un autre appartement et je déménagerai. Je trouve que c'est très bien comme ça !

Écouter et parler

1 Écoutez et imitez.
La réprobation

– Quand même, tu ne devrais pas faire le ménage comme ça !
– Tout de même, je ne trouve pas ça bien du tout !
– Franchement, je ne suis pas d'accord avec ce que tu fais.
– On ne peut pas dire que ce soit bien !
– À ta place, je trouverais une autre solution !
– Quand même, tu pourrais faire autrement !
– Je ne suis vraiment pas d'accord avec toi.
– Je pense que tu as complètement tort !
– Pourquoi as-tu fait ça ? Je ne te comprends pas.

2 Écoutez et imitez.
L'embarras

– Euh, je ne comprends pas.
– Écoutez, je… je ne sais pas quoi vous dire.
– Attendez, on va sûrement trouver une solution mais là…, je ne vois pas.
– Laissez-moi un peu de temps. Je vais en parler à ma femme.
– Alors là, vraiment, je n'ai pas d'idée !
– Qu'est-ce que je peux te dire ? Laisse-moi réfléchir.
– Vraiment, euh… je n'ai pas de réponse tout de suite.
– Tu es certaine ? Alors, heu, moi, je n'en sais rien.
– Qu'est-ce que tu veux que je dise ?

3

1. Quand même, cette maison est beaucoup trop chère pour toi !
2. Écoute, euh, je ne sais pas très bien. Demande conseil à ton mari.
3. Qu'est-ce que tu veux que je te dise ? Je ne peux pas répondre à ta place.
4. Je pense que vous êtes complètement fou d'acheter une voiture aussi grosse !
5. Cet appartement a un certain charme, c'est vrai mais, euh, je crois que j'attendrai un peu avant de décider…
6. Écoute, fais comme tu veux ! Moi, je ne sais pas quoi te dire.
7. Je ne suis vraiment pas d'accord avec vous, elle est très bien cette voiture !
8. Alors là, vraiment, je ne vois pas. Non, je n'ai pas de solution !

4
Les tâches ménagères

– Ma pauvre chérie, tu as l'air vraiment fatiguée Mais, c'est vrai, on ne peut pas dire que ton mari fasse grand-chose dans la maison. Je crois que tu pourrais lui dire de t'aider un peu plus !
– Mais, maman, il fait beaucoup de choses : par exemple, il fait les courses, il promène le chien…
– Oui, mais ça, c'est pour sortir, pour se promener. Dans la maison, c'est bien toi qui fais le ménage ?
– Le ménage, oui, mais c'est Michel qui passe l'aspirateur.
– Et les lessives, qui les fait ?
– C'est vrai, c'est moi, mais il fait très souvent le repassage !
– Et tu vas me dire aussi que c'est ton mari qui fait la cuisine ?
– Tous les jours, non, c'est moi qui m'en occupe, mais quand on invite des amis le week-end, il aime bien préparer le repas, quand il peut prendre son temps !
– Alors écoute, ma chérie, tu as un mari parfait. Je ne comprends vraiment pas pourquoi tu as cette mine !
– Je trouve simplement qu'il pourrait s'occuper plus souvent des enfants.
– Ah bon, il ne s'occupe pas des enfants ?
– Enfin si, il les amène à l'école tous les matins.
– C'est déjà bien ! À ta place, je ne me plaindrais pas… Tu sais, ton père ne faisait rien avant d'être à la retraite !

5
Famille et profession

– Véronique, vous travaillez, vous êtes médecin et vous avez trois enfants à la maison. Comment vous organisez-vous ?
– C'est très simple. Mon mari fait les courses le samedi matin pour toute la semaine ; personne ne déjeune à la maison le midi, comme ça, c'est plus simple. Les repas, je m'en occupe mais c'est vite fait et ça va bien pour tout le monde ; pour le ménage, nous avons une jeune femme qui vient trois fois par semaine ; elle fait aussi tout le repassage de la famille. Mais les enfants doivent ranger eux-mêmes leur chambre. Ça, j'y tiens absolument !
– J'imagine que vous passez tout votre dimanche à travailler dans la maison !
– Pas du tout, le dimanche, on part tous ensemble ; quand il fait mauvais, on va visiter un musée

u un château et quand il fait beau, on va faire une grande promenade à la campagne. Comme ça, on est prêts pour commencer une nouvelle semaine !

– Et vos enfants, comment font-ils quand ils rentrent de l'école ?

– Mon mari est professeur alors il rentre souvent de bonne heure ; c'est lui qui les aide à faire leurs devoirs.

– Je vois. C'est bien ce que je pensais : vous êtes très bien organisée !

Unité 8

page 85

Écouter et parler

1 **Écoutez et imitez.**
L'impatience
– Ça fait dix fois que je te demande de fermer la porte.
– Il faut absolument que tu sortes le chien.
– Je ne le répéterai plus : va te coucher !
– Comment faut-il te le dire : arrête cette télévision.
– Ça fait au moins dix fois que je te le dis : mets un pull !
– J'en ai assez de répéter la même chose : range ta chambre !
– Pour la dernière fois… finis ton exercice !

2 **Écoutez et imitez.**
La concession
– Tu as raison mais écoute-moi quand même !
– Je ne dis pas le contraire mais…
– Je ne suis pas tout à fait de ton avis !
– Oui, c'est vrai mais enfin, il y a autre chose…
– Tu n'as pas tort mais…
– On peut voir les choses autrement !
– Je suis d'accord avec toi mais…

3 **Écoutez et mettez une croix dans la bonne case.**
1. C'est vrai, il pleut, mais il ne fait vraiment pas froid !
2. Je t'ai déjà dit de laisser le chien dans le jardin !
3. J'en ai assez de vous répéter la même chose : n'écoutez pas de musique quand vous travaillez !
4. Je suis d'accord avec vous mais je comprends Paul !
5. Pour la dernière fois, je vous demande d'aller acheter le pain !

6. Vous n'avez pas complètement tort mais je comprends qu'il veuille un chat !
7. Écoutez-moi, je ne dis pas le contraire mais j'aimerais qu'il rentre plus tôt !
8. Je veux absolument que tu me téléphones quand tu es en retard, c'est tout !

Écouter

4
Vivre avec ses animaux

– *Cécile, 26 ans, kinésithérapeute :*

Je vis seule avec mon chien. Très tôt, je lui ai donné de bonnes habitudes ; j'ai posé des limites claires : ce n'est qu'un chien et je tiens à ma liberté ! Ça ne nous empêche pas de partager quelque chose de très fort. Avec Nobel, je passe de bons moments mais je ne vis pas que pour lui.

– *Philippe, 27 ans, étudiant :*

Quand j'étais petit, mon rêve c'était d'être médecin, d'avoir une jolie femme, un chien et une grosse voiture américaine. Maverick, mon chien, représente la première partie de mon rêve : il est formidable, même si la vie au quotidien est parfois difficile. Mais j'attends les autres éléments de mes rêves d'enfant !

– *Dominique, 42 ans, agent commercial :*

Petite fille, je recueillais tous les animaux que je trouvais : chats, chiens, oiseaux… Aujourd'hui, ça continue ! Je les soigne et je leur cherche une famille d'adoption. Le problème, c'est que notre appartement est devenu un véritable zoo.

– *Laurent, 25 ans, peintre :*

Un chien doit avoir un rôle : celui de Jiva est de m'accompagner partout. Tout de suite, j'ai été très dur avec elle, trop peut-être, mais il fallait que je sois le maître ; il ne faut pas oublier que c'est un animal, et un animal, on doit le contrôler !

– *Maguy, 66 ans, retraitée :*

Je ne vis que pour mes chiens. Je les adore, ce sont mes enfants. Je m'en occupe toute la journée, je passe des heures délicieuses à les regarder. Sans eux, je m'ennuierais terriblement.

Catherine, 32 ans, secrétaire :

La nuit, Winny dort comme un petit bébé, dans mes bras, Lucy est à côté de ma tête et Fanny dort sur mes jambes. Mes chiens partagent toute ma vie, je ne pourrais pas vivre sans eux. Je les nourris, je les brosse, je les soigne, je leur donne tout mon amour. D'ailleurs, mon mari est parti, il ne supportait plus mes petits amis.

– Martine, 48 ans, professeur :

Les enfants ont pleuré pour avoir un chat ; nous avons refusé plusieurs années et un jour, ils sont arrivés avec un adorable petit chat ; mais comme je l'avais pensé, les enfants ne s'en occupent jamais alors c'est encore moi qui lui donne à manger. Mais tout compte fait, j'aime bien le trouver derrière la porte quand je rentre le soir !

Unité 9

page 93

Écouter et parler

1 Écoutez et imitez.
Le soutien
– Je suis tout à fait d'accord avec vous.
– Je vous donne raison.
– C'est vrai, ce que vous dites.
– Je pense exactement la même chose que vous.
– Je suis tout à fait de votre avis.
– Je pense comme vous.
– Je partage votre opinion.

2 Écoutez et imitez.
Le reproche
– Tu n'aurais pas dû téléphoner si tard.
– À votre place, je n'aurais pas invité Paul.
– Pourquoi as-tu répondu de cette façon ?
– Je ne te comprends pas !
– Si j'étais vous, j'aurais choisi une voiture moins chère.
– Vous auriez dû nous donner des nouvelles !
– Ce que tu as fait ne me plaît pas du tout.
– Je ne suis pas de votre avis, vous auriez pu les prévenir.

3
1. Vous me décevez beaucoup ; je ne vous aurais jamais cru capable d'envoyer cette lettre.
2. Je pense que vous avez eu raison d'acheter cet appartement, j'aurais fait la même chose !
3. Mon mari est complètement d'accord avec vous, et moi aussi d'ailleurs.
4. Pourquoi êtes-vous partis si tôt ? Vous auriez dû rester jusqu'au dessert !

5. Vous avez bien fait de partir. Moi aussi, j'a[i] trouvé ce film très ennuyeux.
6. Vraiment, on a passé une mauvaise soirée. On aurait pu bien s'amuser si on avait mis de la musique pour danser !
7. C'est vrai, je suis d'accord avec toi. On s'es[t] ennuyés.
8. Oui, moi aussi, je crois que Jacques avait un peu bu, d'ailleurs il a ri pendant toute la fin du repas.

Écouter

4
Avez-vous votre permis de conduire ?

– Yann :

Chez nous, c'est une tradition, on ne conduit pas. Mon père n'avait pas son permis de conduire. Ma mère si, mais elle n'avait pas de voiture... Moi, je l'ai passé à 18 ans mais j'ai eu un accident quelques mois plus tard alors je n'ai plus jamais conduit : j'ai eu trop peur. Non, moi, maintenant, je prends le taxi, le train, ou bien je loue une voiture avec un chauffeur pour partir en week-end.

– Jean :

Je n'ai pas le permis de conduire et je me sens beaucoup plus libre comme ça. Je marche pas mal, je prends le train, le métro, l'autobus, des taxis... Je fais aussi de l'auto-stop. Même dans Paris, ça marche ! Jusqu'en 1985, j'ai eu une mobylette mais je l'ai vendue quand mon fils a eu 7 ans : je ne voulais pas qu'il en ait envie à 16 ans ! C'est trop dangereux !

– Marie :

Ma vie serait impossible sans voiture, j'habite à la campagne. Alors mon permis, je l'ai passé dès que j'ai eu mon bac : c'était le cadeau de mes parents ! Vous savez, je prends ma voiture plusieurs fois par jour : pour aller faire des courses, pour amener les enfants à l'école. Pour moi, c'est aussi important que le téléphone !

– Michèle :

Bien sûr, j'ai mon permis, ça fait vingt ans que je l'ai mais on n'a pas de voiture. Dans l'année, on vit à Lyon alors on n'en a pas besoin. Le problème, c'est pendant les vacances. Comme on a trois enfants, on loue une voiture pour un mois comme ça, on est libres d'aller où on veut ! Mais vraiment, dans l'année on se débrouille très bien sans voiture !

- Nicolas :

Non, je n'ai pas encore le permis : je suis étudiant et je n'ai pas beaucoup d'argent. Je passerai le permis quand je travaillerai, dans deux ou trois ans ! De toute façon, je n'en ai pas vraiment besoin : j'ai un scooter et ça me convient très bien. Et puis mes copines adorent faire des promenades en scooter derrière moi : elles trouvent que je conduis très bien. Mais plus tard, j'espère que je pourrai avoir une belle voiture !

Unité 10

page 109

Écouter et parler

1 Écoutez et imitez.
La colère
– Non, mais, tu me prends pour qui ?
– Vous êtes complètement folle !
– Mais c'est incroyable, ça ! Pour qui vous prenez-vous ?
– Il n'est vraiment pas bien !
– J'en ai assez de vos histoires !
– Non, mais ! Qu'est-ce que ça veut dire ?
– Et vous voudriez que j'oublie tout ?
– Pour qui vous prenez-vous ?

2 Écoutez et imitez.
L'indifférence
– On va faire comme vous voulez !
– Ça m'est complètement égal.
– Je m'en moque !
– Ça ne m'intéresse pas.
– Faites pour le mieux !
– Je n'ai pas d'idée sur la question.
– Je vous laisse décider !

3 Écoutez ces enregistrements et mettez une croix dans la bonne case.
1. Prendre le bus ou le métro, ça nous est complètement égal. On fait comme vous voulez !
2. Tu es complètement folle de vouloir prendre la voiture un samedi soir !
3. Je ne ferai sûrement pas les courses, non, mais, tu me prends pour qui ?
4. Invite les Martin ce samedi ou le suivant, je m'en moque complètement.
5. Partir la première ou la deuxième semaine de février ? Écoutez, vraiment, je n'ai pas de préférence. Je vous laisse choisir.

6. Allez discuter plus loin, j'en ai assez de vos cris.
7. Tu me proposes d'aller au cinéma ou au théâtre. Écoute, je préfère que tu choisisses, on fera comme tu voudras !
8. Tu sors encore ce soir ! Non, mais qu'est-ce que ça veut dire ? Ce n'est pas un hôtel ici !

Écouter et parler

4
Radio-Santé
– Monsieur Prévôt, vous avez arrêté de fumer il y a maintenant dix ans. Pourquoi avez-vous pris cette décision ?
– Eh bien voilà : j'étais invité à dîner chez un couple d'amis et au moment du café, on a découvert qu'on avait fumé toutes nos cigarettes. On n'avait plus rien à fumer et il était trop tard pour trouver un bureau de tabac ouvert ! Alors avec mon copain, on a fait un pari : on ne toucherait plus une seule cigarette jusqu'à notre prochain dîner. Et on a réussi.
– Ça veut dire que vous n'avez plus revu vos amis ?
– Si, bien sûr, on se voit à peu près tous les quinze jours.
– Et pourtant, vous n'avez pas refumé, et votre ami ?
– Lui non plus. Mais vous savez, le plus difficile, c'est au début. Après on prend d'autres habitudes.
– Lesquelles ?
– Au début, à chaque fois que j'avais envie d'une cigarette, je buvais un grand verre d'eau. Et puis toute la journée, je mangeais des chewing-gums ou des bonbons.
– Quels changements avez-vous observés dans votre vie ?
– D'abord, j'ai recommencé à sentir : l'odeur des boulangeries, des fleurs dans les jardins, le parfum des femmes… Et puis, je me suis mis à courir tous les matins. Très vite, c'est devenu moins fatigant. En fait, je me sens beaucoup mieux aujourd'hui.
– Et vous n'avez plus du tout envie de fumer ?
– Très sincèrement, si. Mais je ne fume jamais de cigarettes. Pourtant, quelquefois, après un bon dîner, il m'arrive de fumer un cigare. Juste pour le plaisir. Mais attention, ça doit rester un plaisir, et surtout pas devenir une habitude.
– Monsieur Prévôt, merci. Chers auditeurs, appelez-nous sur *Radio-Santé* pour nous faire partager vos expériences de non-fumeurs au 01 45 62 99 80.

page 117

Écouter et parler

1 Écoutez et imitez.
La menace
– Ça ne se passera pas comme ça !
– Oh, mais vous risquez des poursuites.
– Et vous croyez que je vais me laisser faire !
– Vous allez entendre parler de moi.
– À votre place, je parlerais autrement !
– Vous devriez faire attention à ce que vous dites !
– Non, mais vous savez à qui vous parlez ?
– Je vous assure que cette affaire n'est pas finie !

2 Écoutez et imitez.
L'incompréhension
– Non, vraiment, je ne vois pas.
– Excusez-moi mais je n'ai pas bien compris.
– Vous pouvez répéter ?
– Sincèrement, je n'y comprends rien.
– Ça ne me paraît pas très clair !
– Je ne vois pas du tout.
– Qu'est-ce que vous entendez par là ?
– Vous pouvez m'expliquer ?
– C'est bien simple ; je n'ai absolument rien compris.

3 Écoutez et mettez une croix dans la bonne case.
1. Oh ! mais je ne vais pas me laisser faire… appelez-moi le directeur !
2. Vraiment, je n'y comprends plus rien, cette pellicule coûte 9 €, pourquoi me demandez-vous 11 € ?
3. Il m'a expliqué que c'était un menu spécial mais je n'ai vraiment pas compris pourquoi.
4. Excusez-moi mais vos explications ne me paraissent pas très claires… Pouvez-vous me dire pourquoi vous avez été absente ?
5. Faites très attention ! Vous devriez changer de ton sinon j'appelle la police !
6. Alors toi, mon petit gars, tu vas entendre parler de moi. Quel est ton nom ?
7. Elle a dû prendre quelques jours de vacances… Mais qu'est-ce que vous entendez par quelques jours ?
8. Écoute, il m'a indiqué où était le restaurant de son frère mais vraiment, je ne vois pas du tout comment y aller !

4
Où achetez-vous vos vêtements ?
Premier enregistrement :
– Pardon madame. Pouvez-vous répondre à quelques questions sur vos achats ; c'est pour un sondage. Où achetez-vous vos vêtements ?
– C'est simple : nous sommes quatre à la maison, alors deux ou trois fois par an, nous prenons la voiture pour aller à Troyes dans les magasins d'usine. On y trouve tout, à des prix défiant toute concurrence !
– C'est vrai que ce n'est pas cher mais les articles sont de bonne qualité ?
– Vous savez, ce sont les mêmes que dans les magasins traditionnels. La seule différence, c'est que ce sont des articles de l'année précédente. Mais nous, la mode, on s'en moque complètement.
– Merci madame, bonne soirée !

Deuxième enregistrement :
– Excusez-moi, monsieur, je voudrais vous poser une question, c'est pour un sondage. Où achetez-vous vos vêtements ?
– Je peux vous répondre très rapidement : ce n'est pas moi qui achète mes vêtements, c'est ma femme. Moi, dès que j'entre dans un magasin, je me sens mal.
– Ah, oui ? Bon, alors où votre femme va-t-elle faire ses courses ?
– Je crois qu'elle va dans les grands magasins : elle dit que c'est un peu plus cher mais qu'elle trouve tout, sans courir à droite à gauche.
– Merci monsieur.

Troisième enregistrement :
– Pardon mademoiselle, je peux vous demander où vous vous habillez, c'est pour un sondage.
– Je vais dans de petites boutiques près de mon bureau. Il y a de très jolies choses mais comme c'est un peu cher, je profite des soldes. Il m'arrive aussi de trouver des vêtements à mon goût dans les magasins de dépôt-vente, vous savez, ces magasins où on peut acheter des vêtements d'occasion. On peut y faire de bonnes affaires !
– Je vous remercie, mademoiselle !

Quatrième enregistrement :
– S'il vous plaît, je peux vous poser une question, c'est pour un sondage. Où votre mère achète-t-elle vos vêtements ?

- Vous plaisantez, ce n'est pas ma mère qui achète mes vêtements. Vous croyez qu'elle irait m'acheter ce genre de choses ? Non, j'achète tout au marché aux Puces ou bien à des copains. C'est plus sympa. Par exemple, ce pull était à mon copain Paul, mais il en avait assez de le porter alors je l'ai racheté pour 3 euros. Moi, je préfère dépenser mon argent pour aller au ciné ou pour sortir avec des copains !
- Merci, au revoir !

5
À quoi sert l'argent ?

– Patricia, 16 ans :

L'argent, c'est pour se faire plaisir et faire plaisir aux autres. Je n'arrive pas à faire d'économies parce que j'achète plein de choses : des vêtements, des disques, et puis j'aime bien faire des cadeaux à mes amis. Heureusement, ma grand-mère m'en donne beaucoup !

– Mme Leroi, 55 ans :

L'argent, c'est pour moi une sécurité : mon mari est mort il y a trois ans. Aujourd'hui, je travaille, je gagne assez pour vivre mais on ne sait jamais, demain je serai peut-être au chômage… C'est pour ça que je dépose tous les mois de l'argent à la banque. Après je m'achèterai peut-être un petit appartement sur la côte d'Azur, pour la retraite… je verrai, j'ai encore le temps d'y penser !

– M. Léon, retraité :

Toute ma vie, j'ai fait attention, j'ai fait des économies… Alors maintenant, j'en profite : je voyage, je vais dans les bons restaus, je sors, de toute façon, mes enfants n'ont pas de problèmes de ce côté-là, alors, je pense à moi et je m'offre du bon temps !

– Antoine, 21 ans :

Je suis étudiant et mes parents m'aident mais pour payer mes sorties et mes vacances, je dois faire des petits boulots : je garde des enfants et je travaille deux soirs par semaine dans un bar. C'est une expérience sympa mais j'espère que plus tard, je gagnerai beaucoup d'argent.

– Émilie, 33 ans :

Pour moi, l'argent ce n'est pas très important ; j'en ai bien assez pour vivre et même pour vivre confortablement. On a un bel appartement, très agréable, on voyage souvent, j'ai tout ce que je veux. Il faut dire que mon mari a une excellente situation. Et moi, comme je ne travaille pas, j'ai beaucoup de temps libre alors je fais souvent des courses avec des amies !

Unité 12

page 125

Écouter et parler

1 Écoutez et imitez.
Le regret
– Quel dommage, je n'ai pas pu voir la fin du film !
– Je regrette vraiment d'être parti si tôt !
– Si nous avions su, nous serions arrivés un peu plus tôt !
– On aurait dû vous téléphoner !
– Ah, si j'étais plus jeune… !
– Ça devait être tellement beau…
– J'aurais tellement voulu venir !

2 Écoutez et imitez.
L'exaspération
– Je sais, je sais… Tu me l'as déjà dit !
– Mais tu répètes tout le temps la même chose !
– On connaît la chanson !
– Écoute, j'en ai assez de t'entendre dire la même chose.
– Je n'en peux plus !
– Vraiment, tu m'ennuies, change de disque !

3 Écoutez et mettez une croix dans la bonne case.
1. Si j'avais su, j'aurais pris le métro ! Je serais arrivé à l'heure pour le début du film !
2. Arrête de te plaindre ; je n'en peux plus ! Il y a des gens bien plus malheureux que toi.
3. Je sais, je sais, le tabac, c'est mauvais pour la santé, j'ai déjà entendu ça quelque part !
4. Ah, si j'avais quinze ans de moins, j'irais vivre à Tahiti !
5. Écoute, on ne peut pas passer son temps à regarder la télé, allez va te promener !
6. Comme c'est dommage, dimanche, je ne suis pas libre ; j'aurais tellement aimé sortir avec vous !
7. Change un peu de sujet, tu veux, et arrête de parler de tes problèmes !
8. Si c'était à refaire, j'irais vivre à la campagne !

4

Annonces à Expolangues

Première annonce :

Langado vous propose des séjours linguistiques en Angleterre, en Espagne et en Allemagne pendant les vacances scolaires. Nos formules adaptées aux adolescents de 13 à 15 ans les séduiront, autant que leurs parents, par leur originalité : accueillis dans des familles sélectionnées par nos soins, vos adolescents recevront le matin des cours de langue dispensés par des enseignants qualifiés et dynamiques. Les après-midi seront consacrées à des pratiques sportives. Pas mal, non ? Alors venez vite vous informer sur notre stand Langado situé dans l'allée F, au stand 25. Ah, j'oubliais : si vous vous inscrivez aujourd'hui pour un séjour, vous bénéficierez d'une réduction spéciale Expolangues de 5 % ! Alors, venez vite nous voir !

Deuxième annonce :

La revue *Polyglotte* profite d'Expolangues pour vous faire découvrir sa nouvelle publication : une version italienne. Professionnels et étudiants, vous êtes déjà nombreux à lire *Polyglotte* en anglais, en espagnol et en allemand. Dorénavant, vous pourrez découvrir un résumé de l'actualité de la semaine en italien. Voilà un événement qui va bouleverser vos habitudes. Pour vous abonner à nos revues, passez nous voir au stand *Polyglotte*, allée C, stand 23. Nous aurons le plaisir de vous offrir un numéro gratuit dans la langue de votre choix et vous pourrez participer à notre jeu-concours qui vous permettra peut-être de gagner le week-end à Florence offert pour deux personnes. Nous vous attendons en C 23.

Troisième annonce :

Vous êtes universitaire et vous souhaitez apprendre rapidement le français ? *Langues Plus*, école située en plein cœur de Paris, vous propose des cours animés par des enseignants dynamiques et hautement qualifiés. Les méthodes employées sont actives et motivantes. Venez vous renseigner auprès de notre stand situé dans l'allée G au numéro 7. Un cadeau vous y attend : un mini-guide de Paris.